全国民政继续教育培训系列教材

民政统计工作百问百答

何珊珊　主编

MINZHENG TONGJI GONGZUO BAIWEN BAIDA

中国社会出版社

国家一级出版社　全国百佳图书出版单位

图书在版编目（CIP）数据

民政统计工作百问百答／何珊珊主编．—北京：中国社会出版社，2013.12

ISBN 978－7－5087－4585－5

Ⅰ．①民…　Ⅱ．①何…　Ⅲ．①民政工作—统计—中国—问题解答　Ⅳ．①D632－44

中国版本图书馆CIP数据核字（2013）第258081号

书　　名： 民政统计工作百问百答
主　　编： 何珊珊
责任编辑： 杨　晖

出版发行： 中国社会出版社　**邮政编码：** 100032
通联方法： 北京市西城区二龙路甲33号新龙大厦
编辑室：（010）66016392
网　　址： www.shcbs.com.cn
经　　销： 各地新华书店

印刷装订： 中国电影出版社印刷厂
开　　本： 145mm×210mm　1/32
印　　张： 5.25
字　　数： 100千字
版　　次： 2013年12月第1版
印　　次： 2013年12月第1次印刷
定　　价： 18.00元

前　言

民政统计是民政事业的基础性工作，其基本任务是对民政事业的各项行政记录进行统计调查、统计分析，为民政部门实施管理提供依据。近年来，我国民政统计流程不断优化，统计产品开发力度加大，指标体系逐渐完善，人员素质显著提升，技术平台日臻成熟。目前全国已形成由6600多项统计指标支撑、4000多名专业统计人员参加、100多名专业工程师实时答疑、13年120多次不断升级完善的民政统计软件的工作机制。但在实际工作中，各类各样的指标理解、软件操作等问题仍层出不穷，这主要是由于各地民政统计工作人员多为兼职、人员调整过于频繁等因素造成的。为便于各地实际操作，本书收集各类常见问题并提出解决方案，希望对实际工作有所帮助。

本书旨在提供一种统计工作意境、一种工作态度、一种操作理念，让基层民政统计人员感觉始终有人支持着他们，有问必定有回答，使其充满归属感；减少基层统计人员工作量，使其能够快速地进入工作角色；让民政统计工作者思路得到开放，思维得到拓展，为民政统计工作发挥更大作用、民政事业科学发展作出应有的贡献。

本书由多年从事民政统计工作的民政部规划财务司原副巡视员何珊珊主编，其主要编写人员有潘业柱、涂能等，杨宝祥对全书进行了统稿。

由于编者时间仓促，各方面还不够成熟，欢迎读者多提宝贵意见，在此表示感谢。

民政部培训中心

二〇一三年八月

CONTENTS

目 录

目 录

CONTENTS

CONTENTS

目 录

目录

CONTENTS

CONTENTS

目 录

一、综合篇

ZONG HE PIAN

1 什么是民政统计？主要依据是什么？

答：民政统计是国家官方统计体系中的重要分支，是国民经济核算、国家人口库、法人库、国家基本单位名录库的重要组成部分；民政统计对民政事业的各项业务工作基本情况进行收集、汇总，并作出有效分析，为民政部门实施管理提供依据，为各级领导决策提供科学数据；民政部规划财务司负责全国民政统计工作，省级及以下各级民政部门规划财务部门负责本级民政统计工作；民政统计按时间要求分为统计年报、统计季报和统计月报；民政统计定时对外发布数据，其数据受国家统计法律法规和部门规章认可和保护。

民政统计依据的是全国人大常委会制定的《中华人民共和国统计法》、国务院制定的《中华人民共和国统计法实施细则》、国家统计局制定的《部门统计调查项目管理暂行办法》、民政部制定的《民政部统计工作管理办法》等。民政统计 2010 年改名为社会服务业统计，是经国家统计局批准的，是对民政业务全面的统计（自然灾害统计除外），属于国家法定数据，其内涵、外延均有所拓展，可以更好地为国民经济和社会发展服务。每月打印出报表后可在右上角见到注明“国统字号”。

2 民政统计的发展历史？

答：1978 年 3 月 5 日，中华人民共和国民政部在原内务部的基础上恢复成立。民政部成立后，民政统计就在财务预决算报表的基础上建立了民政统计制度，多年来一直与财务、基建密切相关，统计要通过各项业务指标、财务指标、基建指标来检验、衡量、评价民政事业的发展状况。民政统计历经 30 多年的发展，报表质量不断提高、台账基础不断夯实。2000 年 12 月民政部与北京久其软件股份有限公司共同开发了现在使用的《民政统计软件》，历经 13 年实践，系统不断升级维护，数据指标逐渐完善，数据服务体系已基本建立，能够使数据应用于诸多领域以及广阔的范围。

3 《国民经济行业分类》是如何分类的？我国有哪些机构类型？民政部门负责登记管理哪种机构类型？

答：依据《国民经济行业分类》国家标准，全国各类行业分为20个门类。分别是：

A门：农、林、牧、渔业

B门：采矿业

C门：制造业

D门：电力、热力、燃气及水生产和供应业

E门：建筑业

F门：批发和零售业

G门：交通运输、仓储和邮政业

H门：住宿和餐饮业

I门：信息传输、软件和信息技术服务业

J门：金融业

K门：房地产业

L 门：租赁和商务服务业

M 门：科学研究和技术服务业

N 门：水利、环境和公共设施管理业

O 门：居民服务、修理和其他服务业

P 门：教育

Q 门：卫生和社会工作

R 门：文化、体育和娱乐业

S 门：公共管理、社会保障和社会组织

T 门：国际组织

民政部门所属单位分别归属在 S 门、Q 门、O 门及 R 门中，其他行业类别基本不涉及。

我国机构的类型分为企业、事业、机关、社会组织、基层群众性自治组织及其他登记机构类型；民政部门负责登记管理社会组织和基层群众自治组织两种机构类型。社会组织又下分为：社会团体、基金会、民办非企业；基层群众性自治组织又下分为：居民委员会和村民委员会。

4 民政部门所管理的社会服务业态分别归属在S门、Q门、O门中的哪种?

答：在S门公共管理、社会保障和社会组织大类中，下面有代码为94项、95项两个小项，主要用于民政单位归集，具体包括社会团体、基金会、社区居委会、村委会。

在O门居民服务和其他服务业中，下面有代码为798项殡葬服务小项，具体包括殡仪馆、公墓、殡葬管理单位，有代码为797项婚姻服务小项，具体包括婚姻登记服务类机构。

在Q门卫生和社会工作中，下面有代码为84项社会工作，包括提供住宿的社会工作（代码841）和不提供住宿的社会工作（代码842）。提供住宿的社会工作单位包括：

（1）养老机构：城市养老服务机构、农村养老服务机构、社会福利院、光荣院、荣誉军人康复医院、复员军人疗养院、军休所

（2）智障与精神疾病服务机构：社会福利医院、复退

军人精神病院

（3）儿童收养救助服务机构：儿童福利院、流浪儿童救助保护中心

（4）其他提供住宿的服务机构：生活无着人员救助管理站、军供站、其他收养机构

不提供住宿的社会工作单位包括：老龄机构、福利企业、救灾储备仓库、福利彩票发行机构、军队离退休人员管理中心、军队离退休人员活动中心、烈士纪念建筑物管理单位、社区服务机构、捐赠、救助等其他事业机构。

民办非企业涉及多个行业，在行业分类中不是一个独立的行业。

民政统计有40多张台卡，其中20多张台卡将上述单位高度整合起来，这些台卡每一张都对应一类机构，例如收养性单位就包含10种机构，所以每一张机构类台卡都与国民经济行业分类密切相关。

5 台卡总共有多少张？分为哪些类别？

答：民政统计报表目前基本由台账系统来支撑，数据要从台账中提取。台账系统是由 43 张台卡组成，也许实际工作中用不到全部台卡，但必须对台卡有所了解。台卡目前分为两大类：人员类和机构类。人员类又分为时点类和时期类。

（1）时点类：就是截至某一时间点的实际发生数，民政统计以每月最后一天为截止时间点。举例说明：张三 1 月享受城市低保，2 月不享受，3 月因为某种变故又纳入了城市低保的保障范围。那么台卡中，1 月有张三的信息，2 月没有，3 月又需要有。这些台卡分别是：

优抚类：【T11】“三属”、【T12】“三红”、【T13】在乡复员军人、【T14】在乡退伍军人、【T30】其他定期补助人员、【T15】伤残人员。

社会福利类：【T50】孤儿台卡、【T22】残疾人情况登记。

社会救助类：【T19】城市低保、【T21】农村低保、【T20】

农村五保、【T51】传统救济、【T53】城市“三无”人员。

（2）时期类：指从某个时间开始到某个时间结束，这一段时间内发生的数据。民政统计的时期数是以每年的1月1日开始，截至当前月份所发生的数据。举例说明：结婚登记对数统计的是从当年1月1日截至当前月的最后一天结婚登记的对数。相关台卡有：

退役安置类：【T16】现役军人家属台卡；【T17】军队离退休干部、退休志愿兵（士官）、退休退职职工台卡；【T18】烈士人员登记台卡；【T23】退役士兵和复员干部台卡。

社会救助类：【T52】医疗救助台卡。

社会事务类：【T24】捐赠名录台卡；【T25】结婚登记台卡；【T26】离婚登记台卡；【T27】收养情况登记台卡；【T28】救助人员台卡；【T29】被火化人员情况登记台卡。

机构类台卡全部是时点类，共计18张（主要是民政部门自己或民政部门代管的单位，单位相对不变，除非发生合并、调整、撤销等情况），分别是行政机关，社会工作类（收养类单位、救助类单位、优抚安置单位、老龄事业单位、社会福利企业、救灾储备单位、彩票单位、社区服务设施、其他事业单位），成员组织类（社会团体、民办非企业单位、基金会、基层群众性自治组织），其他社会服务类（婚姻登记服务单位、殡仪类单位）。还有，乡镇街道登记台卡、民间组织分支机构台卡只用来登记名录。

注："三属"指烈士遗属、因公牺牲军人遗属、病故军人遗属

"三红"指在乡退伍红军老战士、在乡西路军红军老战士、红军失散人员

6 各级民政部门（单位）具体应该要填写哪些台卡？

答：目前系统分为省、市、县、乡镇、村居委会5级单位，每个级别需要填写相应的台卡，比如医疗救助台卡，是要求到村居委会级或乡镇街道本级的，如果填写在县本级或乡镇级别上是不能通过的。

村居委会级：可能需要填写城市低保、农村低保、农村五保、其他农村社会救济、医疗救助、城市“三无”人员、“三属”、“三红”、在乡复员军人、在乡退伍军人、传统救济、现役军人家属、军队离退休13张台卡。

乡镇街道本级：可能需要填写医疗救助、残疾人情况登记、收养类单位、老龄事业单位、社会福利企业、社区服务设施、其他事业单位、基层群众性自治组织、婚姻登记服务单位、殡仪类单位10张台卡。

县级单位本级：可能需要填写残疾人情况、孤儿、军队离退休干部、救助人员、烈士人员、退役士兵和复员干部、捐赠名录、收养情况、结婚登记、离婚登记、被火化人员情况登记、收养类单位、老龄事业单位、社会福利企业、救助类单位、救灾储备单位、优抚安置单位、彩票单位、社区服务设施、其他事业单位、社会团体、民办非企业、民间组织分支机构、婚姻登记服务单位、殡仪类单位、行政机关、乡镇街道登记27张台卡。

市级本级：与区县级单位基本相同，但社区服务设施台卡、乡镇街道登记台卡市本级没有，共有25张台卡。

省级本级：与区县级单位基本相同，但省本级有基金会，区县级没有；乡镇街道本级县区有，省本级没有。

通过上述5级分类，至少可以说明以下几个问题：

一是所有台卡必须要填在本级或村居委会级，省市县乡镇级汇总单位是不能填写的；二是不同级别的单位，需要填写的台卡是不同的，换句话说，不同单位对应不同台卡；三是这些台卡只是每个单位可能涉及的，不一定非要全部都有；四是有些台卡可以放在本级，也可以放在下一级。如医疗救助台卡可以放在乡镇街道本级也可以放在村居委会级；孤儿台卡只需填在县级以上单位即可，不需要分到县以下；基金会只有省级单位才有；乡镇街道台卡必须要填写在县级本级，其余级别没有。

7 正常统计工作流程是如何办理的?

答：第一，在每月（季）做报表时，先将系统指标打印出来，交给各业务部门填写，并提供台账数据。

第二，业务部门确认后请其签字盖章，以确保数出一门、数据一致。

第三，财务部门收到数据后，要认真填报到报表和系统中，并进行必要的审核、汇总、分析后报上级部门。

8 统计数据与业务数据的关系是什么？

答：现在很多地方和人员总认为统计数据和业务数据有重复性，应该并到一起。实际上统计数据与业务数据是有区别的，业务系统中的数据只是起到减少统计人员手工录入负担的作用。业务数据侧重于申请、审核、审批等流程过程；统计数据侧重于数据结果应用、分析，而统计数据的依据是财务支出凭证和各种证件代码等，业务系统数据取得后统计人员要进行必要的审核、汇总、分析、修整后方可使用。这就好比统计局与政府各组成部门之间的区别，统计局职责就是对各单位数据结果进行分析，通过各不同类型数据进行综合、提炼、分析，对经济社会发展形势进行预测，而不管各单位业务流程。

9 单位一套人马两块牌子怎么解决?

答：要按照牌子来分别登记，不能够根据人员来定。比如既是村委会又是农村社区服务站，要分别登记，人员、财务可以只填写一个主要业务的，另外一个说明即可。

10 民政统计工作评比的依据和办法是什么？

答：民政统计工作每年度开展一次评比，目的是总结经验、查找不足，对本年度先进统计工作和统计人员给予表彰，以此鼓励先进，鞭策后进，实现民政统计事业又好又快发展。民政部2002年印发了《民政统计工作评价办法〈试行〉》（民函〔2002〕202号），规定每季度进行打分评比并通报，作为考评的重要依据，这样形成有标准、有评分、有通报三者相结合的工作机制。

11 全国第三次经济普查需要我们做些什么？

答：全国第三次经济普查全面调查了解我国第二产业和第三产业的发展规模及布局，了解我国产业组织、产业结构、产业技术的现状以及各生产要素的构成，进一步查实服务业、战略性新兴产业和小微企业的发展状况，摸清我国各类单位的基本情况，全面更新覆盖国民经济各行业的基本单位名录库、基础信息数据库和统计电子地理信息系统。

全国第三次经济普查已经开始启动，各地均成立了相应的领导组织和工作机制。涉及民政部门基层群众自治性组织、社会团体、民办非企业单位和基金会等台卡。各地要完善单位类信息，重点是组织机构代码、部门登记证号完善工作。

12 我们从一名乡镇基层统计人员的经验中学习什么?

答：一名来自陕西省商洛市丹凤县民政局干部陈平同志，具体负责全县民政统计工作。以“做事无愧于民，做人无愧于心，始终铭记职责”的准则要求自己；始终坚持在学习中进步，在摸索中提高，锤炼过硬本领；并按照“经验重在积累，技巧来自熟练，提高服务质量”的理念工作。他的事迹已经被民政部在网站公开发表，基层人员应认真学习其精神。网址如下：http：//cws. mca. gov. cn/article/wsly/200908/20090800034170. shtml。

13 民政统计数据是否需要对社会、媒体等公开公布？

答：需要。民政统计数据按月度、季度、年度定时发布是适应政务信息公开，提高民政公信力的重要手段和方法，各地应该积极行动起来，实现民政统计数据公开，让数据在更大范围中实现应用。

14 与民政统计相关的资料有哪些?

答：近年来，民政统计不断夯实台账基础，提高报表质量，开发更好更多的统计产品。目前的统计产品有：月刊、季刊、社会服务统计公报、社会服务发展报告、社会服务统计提要、中国民政统计年鉴、社会服务业指数等期刊和资料，均采取纸质和电子版本同时发布，中华人民共和国民政部网站上均可查到。

15 统计资料归档、保管和交换应注意的事项有哪些？

答：统计资料应该每月送领导审阅，并签字盖章确认；部、省每年都印发民政统计年鉴，各地在条件允许条件下，也可以印发本地统计年鉴、统计提要，作为历史资料予以保留。统计人员变更时，应该做好年鉴、制度、操作手册、数据处理和软件操作注意事项等相关资料的交接，数据等相关资料要定期存档；新老统计人员交接时，老统计人员要带新人若干个统计周期方可离开，并由规划财务部门负责人监督实施。

二、技术篇

JI SHU PIAN

16 统计系统卸载及安装的方法步骤是什么？

答：卸载民政统计系统的步骤如下：

第一步，在开始菜单中找到系统，单击卸载。

第二步，提示卸载系统，点击“是”。

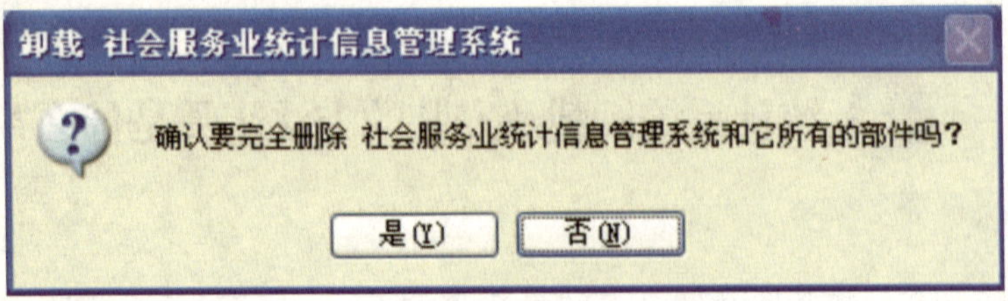

第三步，提示卸载完成，点击“确定”。

安装民政统计系统的方法：

第一步，右键点击下载下来的“2012 年社会服务业统计信息管理系统（软件）.rar”文件，点击“解压到当前文件夹（X）”。

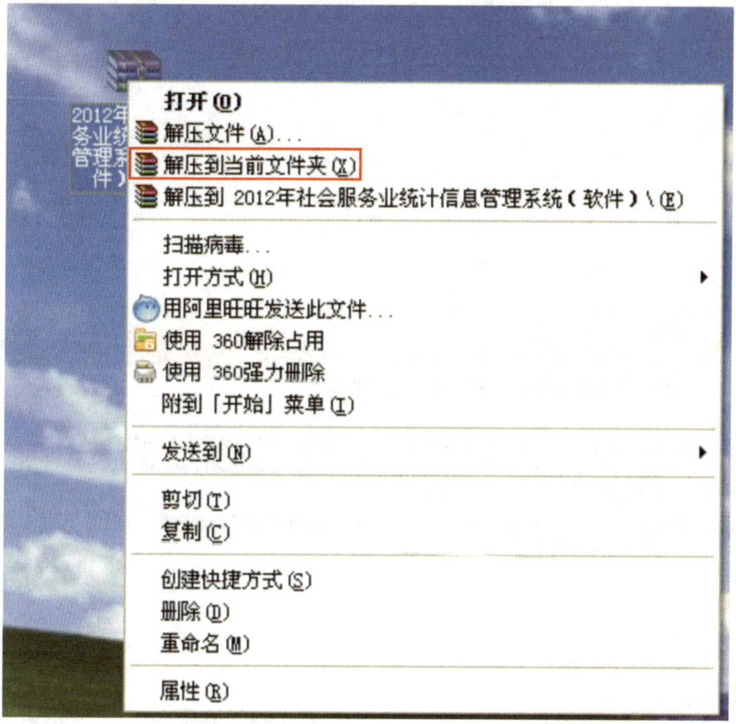

第二步，点击解压文件夹里的 CDFace. Exe。

第三步，如果弹出杀毒软件拦截，点击“允许此程序执行”，然后点击“确定”。

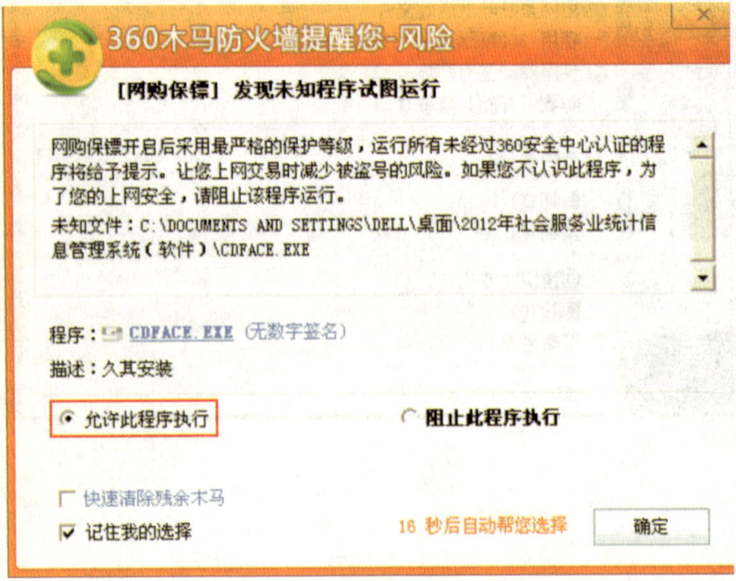

第四步，弹出“安装界面”。

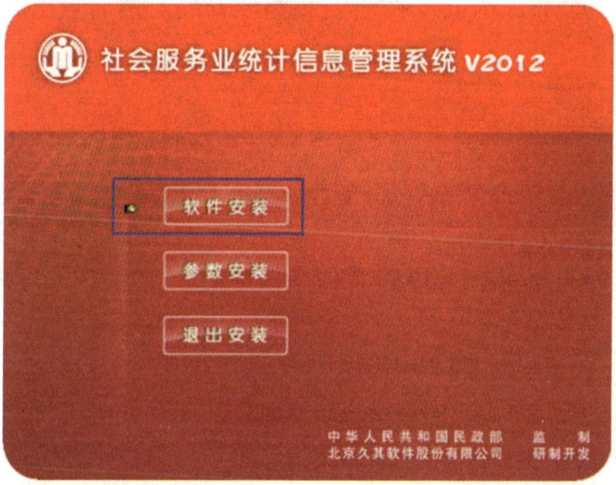

第五步，单击“软件安装”，弹出安装界面。

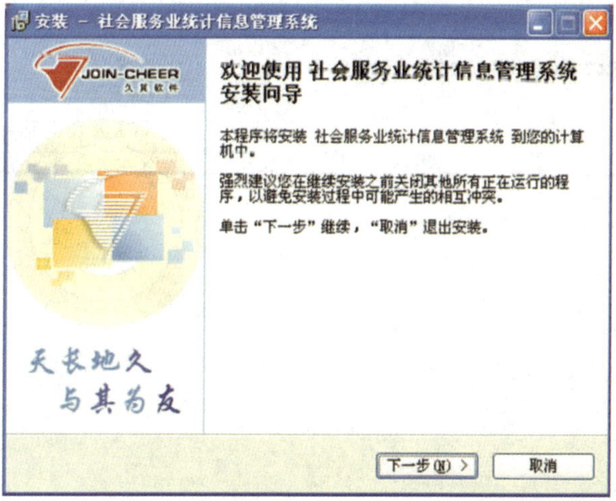

第六步，点击“下一步”操作，弹出“安装路径选择界面”，点击“浏览”按原安装路径安装。然后点击“下一步”。

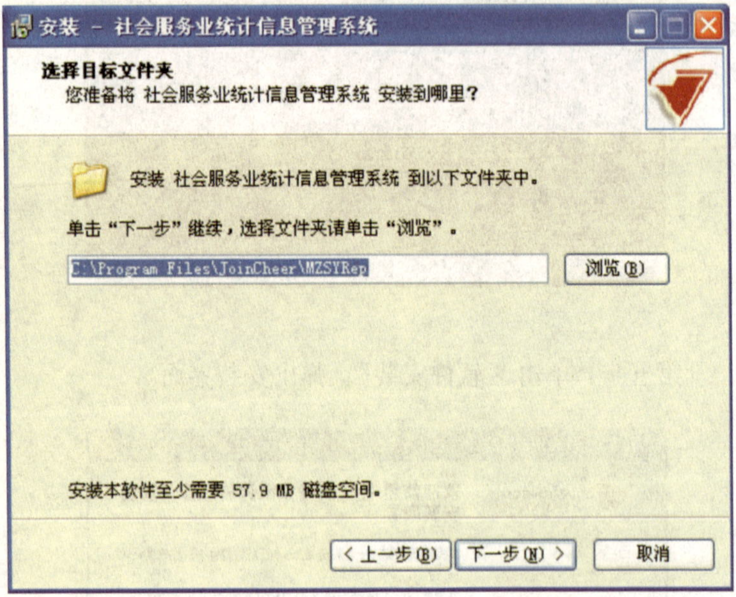

第七步，弹出“路径已存在”，点“是”。然后点击“下一步”。

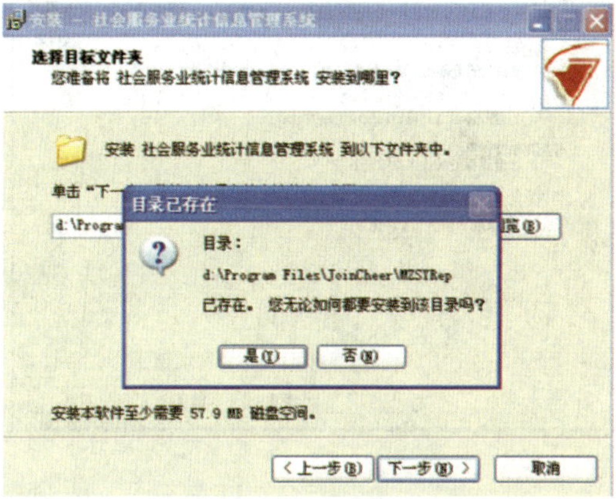

第八步，弹出“附加快捷方式”，点击“下一步”。

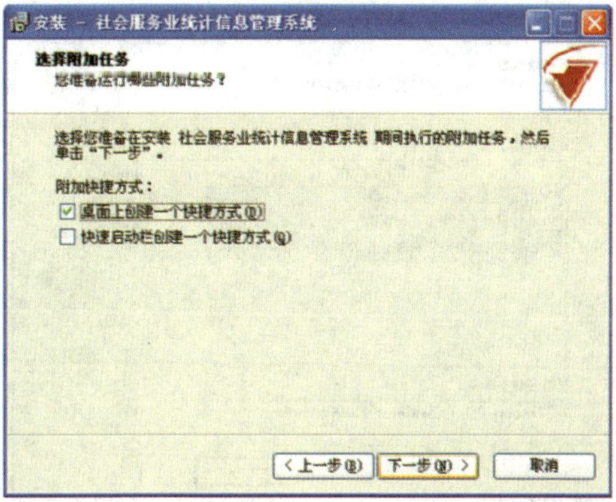

第九步，弹出“准备安装”界面，点击“安装”。

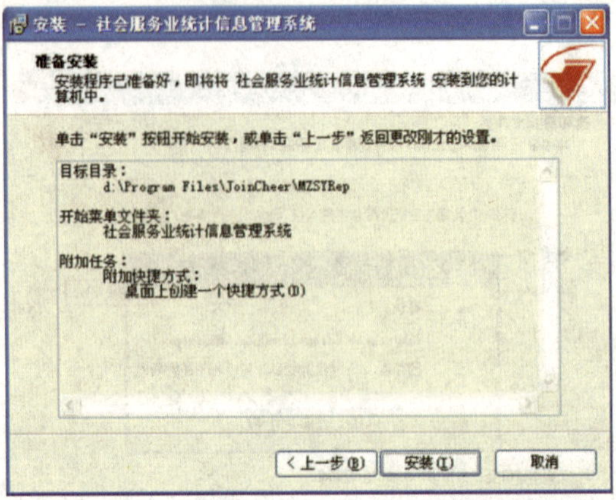

第十步，弹出“任务参数安装”界面，默认全选，变更“任务安装文件夹”，然后点击“下一步”。

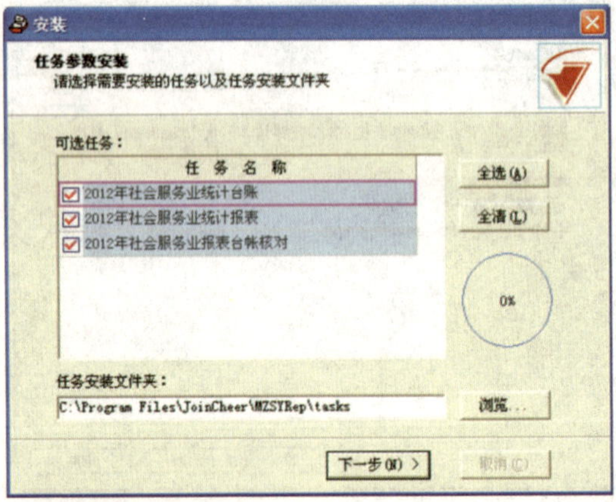

第十一步，提示“任务安装完成”，点击“确定”。

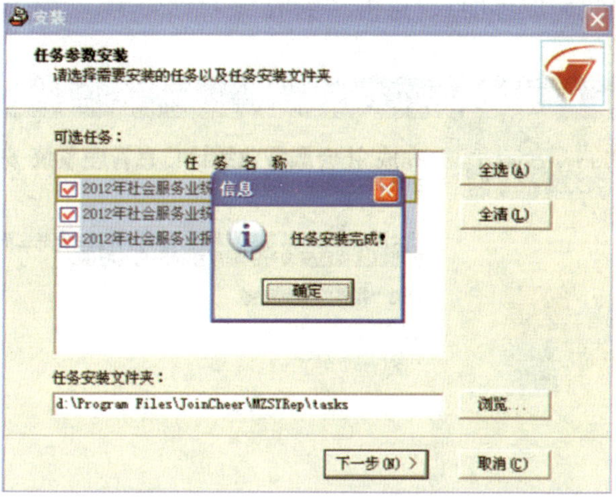

第十二步，弹出“民政代码选择”界面。

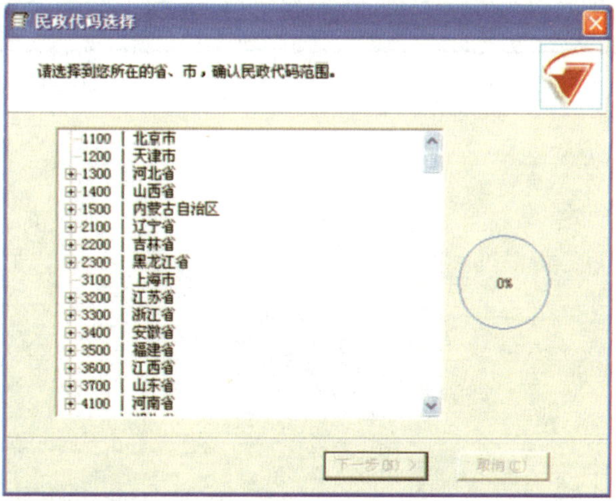

第十三步，选择自己所在的单位，点击“下一步”，弹出“安装完成界面”，点击“完成”。

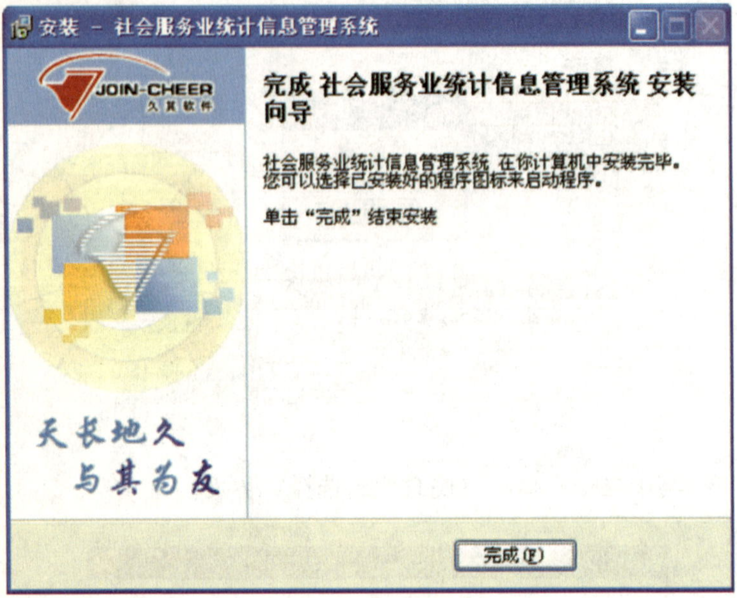

17 民政统计软件中的任务有哪些？主要作用是什么？

答：每年的统计软件的任务中都至少包含当年报表任务、台账任务和报表台账核对任务，但是根据实际要求不同，软件中也会包含其他任务，如 2013 年就包含区划代码管理库和机构项目管理库。

大家经常使用的任务就是报表、台账和报表台账核对这三个任务，主要作用分别是：报表任务主要用于正常报送每年或每月的报表数据；台账任务主要用于记录相关民政数据的名录；报表台账核对任务用于核对需要从台账提取数据指标的报表和台账数据的一致性。

18 国家人口库和国家法人库包括民政行业的哪些台卡?

答：由公安部牵头，民政部、发改委等 18 个部委办参加的国家人口库工作已经启动，将建立跨部门的信息共享机制，实现数据同步更新、同步应用。民政部门目前有结婚登记、离婚登记和被火化人员情况台卡入选其中，各地均应该利用入库机会，大力宣传民政统计，狠抓数据质量，提高民政统计知名度和应用领域。

国家法人库拟由国家发改委、质检总局、统计局、民政部等多部门参加系统工作。法人库将对全国各级各类单位进行统计、汇总、监测，和人口库同样重要，一个对人员，一个对单位。涉及的台卡有社会团体、民办非企业单位、基金会、基层群众自治组织（包括村委会和居委会信息）4 张台卡，请各地务必重视起来，提早做准备。

19 民政统计代码多少位？有何含义？

答：报表和台账数据较多，如何区分各类单位数据，系统将单位代码作为唯一识别码。单位代码相当于我们个人的身份证号码，是固定、唯一、法定的。为此，民政部印发了《民政统计代码编制规则》，详见2013年《社会服务业统计制度》第36页。

单位代码一般12位，分三段：第一段6位代码表示县及县以上的行政单位；第二段3位代码表示街道、镇和乡；第三段3位代码表示居委会和村委会。

在实际操作中，第一段代码也就是县及县以上的行政单位变化相对较固定，经常出现的就是乡镇级单位及村（居）委会变化。

第一段6位代码统一使用《中华人民共和国行政区划代码》国家标准。前两位代表省级单位，比如34是安徽；中间两位代表市级单位，如01是合肥市；后两段表示县级单位，其中01～20表示市辖县、21～80表示县、81～89表示县级市。如合肥市瑶海区编码可以编成340102，合肥市长丰县可以编成340121。当然，现有的县级单位都是确定好的，不需要再重新编写；非法定单位如高新区、开发区之类的，后两位编码以91开头顺序往下编。

第二段3位代码以《县以下行政区划代码编制规划》编制。其中001～099代表街道、100～199代表镇、200～399代表乡，400～599代表政企合一的单位，600～699表示开发区等非法定单位代码，999代表省、市、县本级的代码。每一次新增都根据批文顺序往下排，凡因区划调整被取消的代码不重复用。

第三段3位代码为居委会和村委会。居委会从001～199由小到大顺序编写；村委会从200～399由小到大顺序编写；非法定的村（居）委会代码从400～599由小到大顺序编写；本级所属单位代码从800～899编码；乡镇本级单位代码999。应注意的一点是，系统中名称不是村民委员会或居民委员会，而统一称为村委会和居委会。

20 组织机构代码如何填写?

答：组织机构代码是由国家质监部门颁发给每个企业、事业单位、机关、社会团体和民办非企业单位等的法定代码，是在全国范围内唯一的、始终不变的法定代码。

代码由八位无属性的数字和一位校验码组成，一般在《中华人民共和国组织机构代码证》上有代码；尚未领到法定代码或不属于法定代码赋码范围的单位，可以向各级统计部门申请，由各级统计部门从临时代码段中赋予代码，但不能胡编乱造代码。

21 单位登记类型有哪几种？单位会计制度有哪几种？应该如何选择？

答：单位类从社会团体开始，一直到社会福利企业台卡，共18张台卡。单位登记类型是区别单位性质的重要依据，不同的类型会有不同的填报要求以及核算方法，所以一定要弄准弄实。目前，民政部门登记类型一般分为编制部门登记、工商部门登记、民政部门登记和未登记。

编制部门登记一般是指由各级党委政府编办登记的行政、事业单位或企业化管理单位。会计制度一般选择行政事业单位会计制度。

工商部门登记一般是指由各级工商行政管理部门登记注册的民政企业或民政行业单位。会计制度一般选择企业会计制度。

民政部门登记是指由各级民政部门登记的机构，社会团体、民办非企业单位和基金会都是民政部门登记的机构。会计制度一般选择民办非营利组织会计制度。

未登记是指一般目前不具备登记条件或具备登记条件

但由于历史等特殊原因没有登记的单位。这类登记单位应该逐年减少。

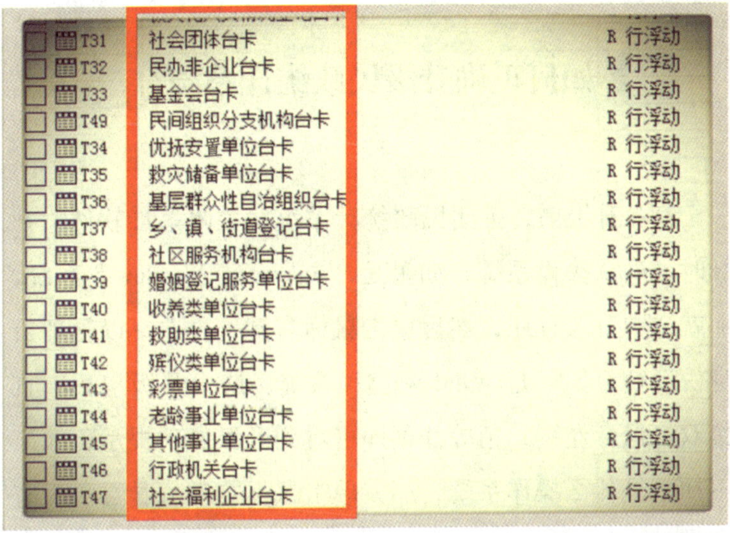

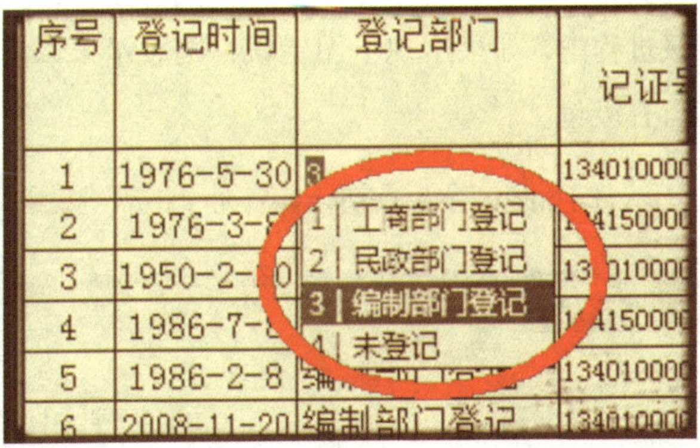

22 如何正确升级民政统计系统?

答：升级前，关闭民政统计系统，关闭杀毒软件；升级时，确认操作系统，如果是 Windows7、Windows8 系统，那就选中升级程序，然后单击鼠标右键，再选择以管理员身份运行；如果是 Windows XP 系统，选中升级包后，直接双击鼠标左键，稍等片刻即可看到升级成功提示；如果不知道是什么操作系统，那就单击鼠标右键，看看是否有“以管理员身份运行”选项，有就选择，没有就双击鼠标左键升级。

升级过程中，如果出现下图错误，则表示未以管理员身份运行升级包。

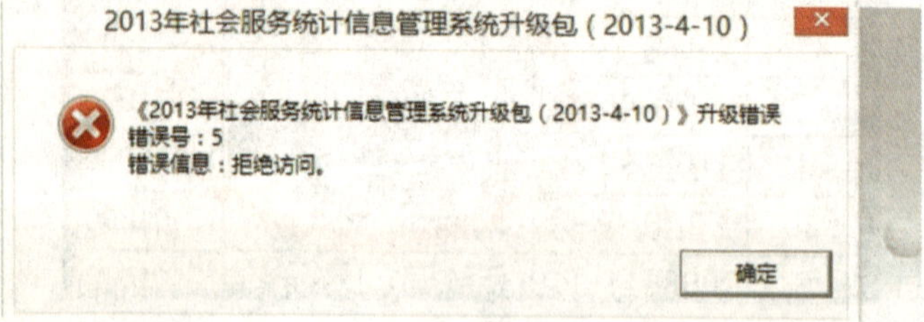

若出现如下图错误，则表示民政统计软件未关闭。

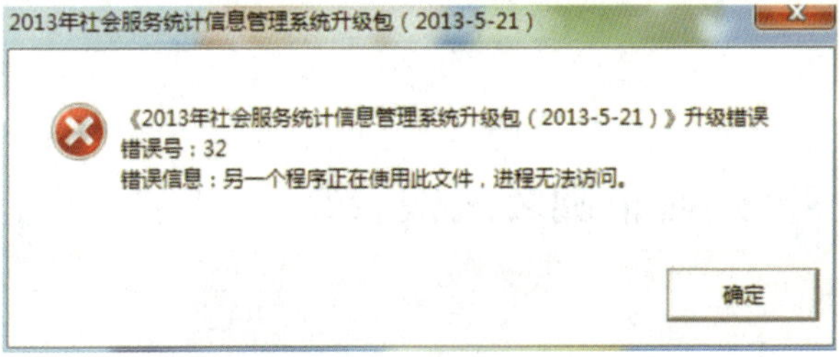

升级成功后，要分别在录入界面下进行数据库维护，也需要在分析库中进行分析结果库维护。操作如下：

数据库维护　　　　分析结果库维护

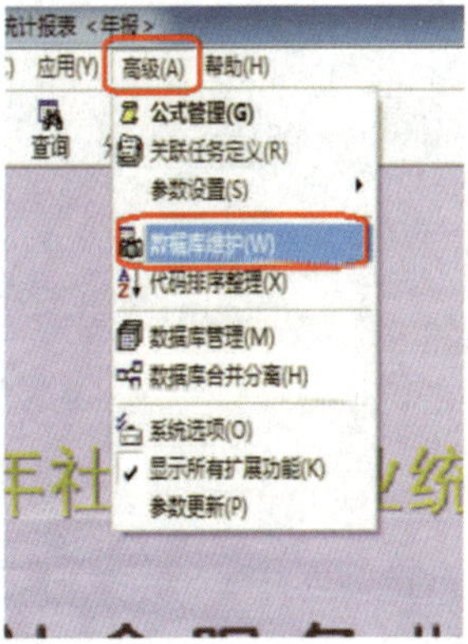

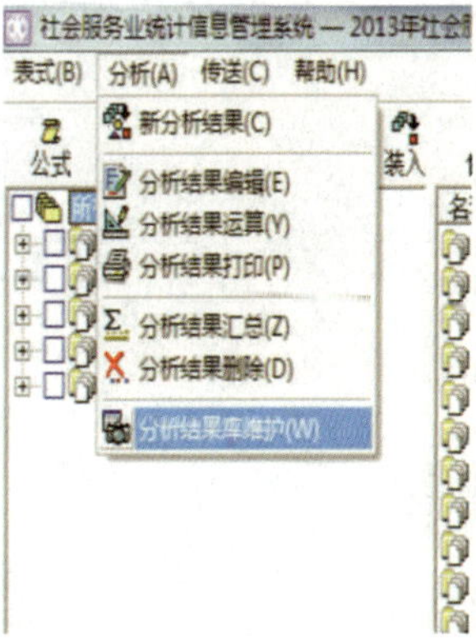

23 如何正确装入报表?

答：正常情况下，下级部门报送报表来，我们直接点击主界面的页签“传送”，然后选择“数据装入”即可；如果数据有修改，一定要把原来的报表或台账数据删掉，再重新装入，否则错误地装入可能会导致审核时会出现重复性数据。

24 如何正确传出报表？

答：正常情况下，下级部门需要向上级部门报送报表时，在汇总、审核、批量运算完成后，直接在主界面下选择传送——数据传送，这时候会显示数据传送向导对话框，然后选择“下一步”“下一步”……直至完成。

但如果需要单独传出某单位某张报表某张台卡时，应该进行如下操作。

第一步，选择传送——数据传送，显示数据传送向导对话框。选中第二项，传出参数或选择参数及测算分析参数。

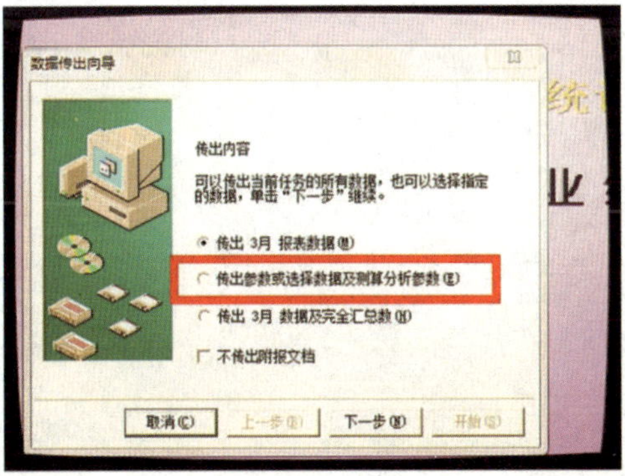

第二步，选择单位数据，然后分别选择单位和报表。

第三步，在选择传出报表完成后，点击“确定”。

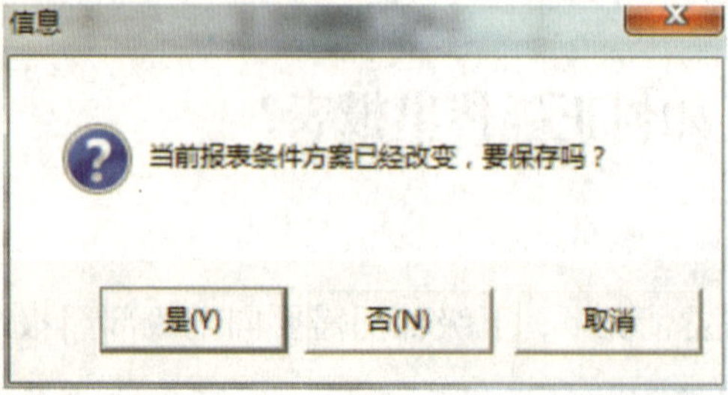

注意：问是否保存传出方案时，一定要点“否”！

名称：传出报表后，要给报表起个规范的名称，一般用某某省（市、县）某年某月报表或台账，后面可以用日期来区别，比如20130415，尽量避免出现终版、定稿、最终版、送审版等。

25 能否批量装入报表和台账?

答：目前系统支持数据批量装入，点击目录下的“数据批量装入”。

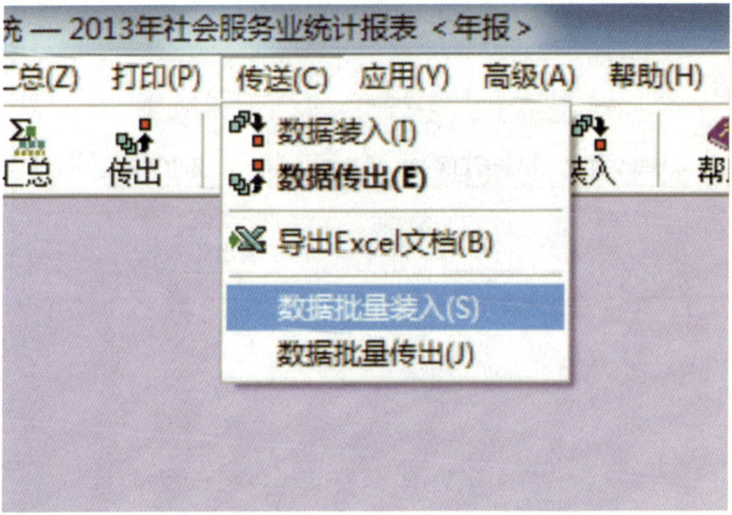

在弹出的界面点击“选择目录”，看看批量数据的存放文件夹，选中就行。

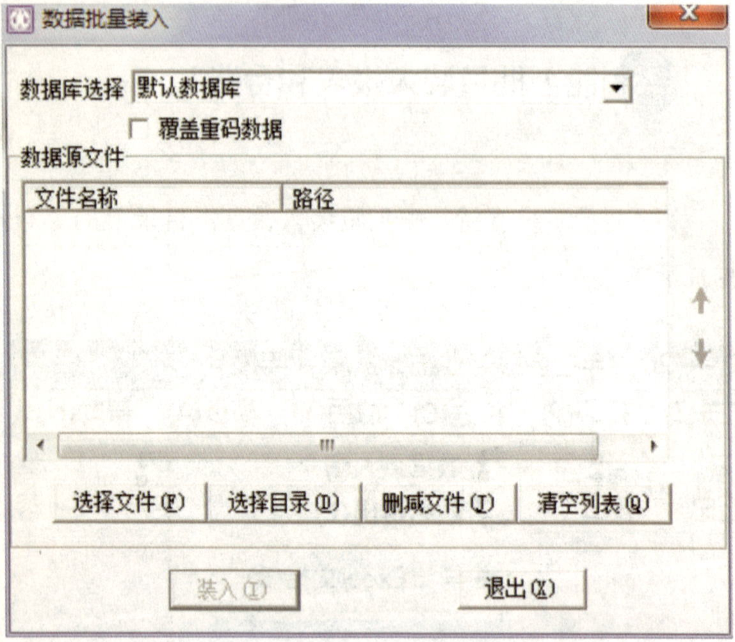

26 村居委会级以上单位发生变化怎么办？

答：村（居）委会级单位是台账最基础的单位。随着经济社会发展，村（居）委会级单位会经常发生变动，主要变动类型有合并、调整、变更等情况。发生变化后：

第一，要收集变化相关文件资料，对于历史性的原因至今尚未修改的，需要请主要领导签字并单位盖章予以说明。

第二，将文件或说明传真至上级部门作为单位变化的法定依据。

第三，调整树形结构代码或名称、乡镇街道台卡或基层群众自治组织台卡里相关信息，并严格按照编码规则和调整方法来操作。操作步骤如下：

第一步，打开台账系统，选择应用菜单——区划代码调整，显示出“区划代码调整”对话框。直接点击更新，

然后默认点击下一步，直至更新完成。

第二步，分合并、调整、新增、变更四种类型变动单位名称和代码（这四类方法仅针对法定的乡镇街道和村居委会进行操作，如果是县级单位调整，请联系工程师）。

合并——指将乡镇街道或村（居）委会按要求合并到一个单位。

操作步骤：先选择被合并的单位，点击鼠标右键，然后点击合并；再选择合并到的单位，点击确定即可。（注：合并只能是同级单位合并）

调整——将某单位调整到比该单位高一级的单位下。

操作步骤如下：

先选择被调整单位，点击鼠标右键，然后选择调整；再选择调整到的单位，点击确定即可。（注：同级单位不能调整）

新增——指在某区县下新增乡镇街道或在乡镇街道下新增村（居）委会。

操作步骤如下：

选中需要新增单位的单位，点击鼠标右键，然后选择新增，在弹出的对话框中选择单位性质，并填入单位名称，点击确定即可。

变更——指变更单位性质或名称。（如乡改镇，镇改街道等，村委会改为社区居委会等）

操作方法：选中需要调整的单位，点击鼠标右键，然后选中变更，在弹出的对话框中选择单位性质，并输入单位名称，然后点击确定即可。

注意：在选择四种方法时，一定要将“同步更新数据库”左边的勾选框选择上。

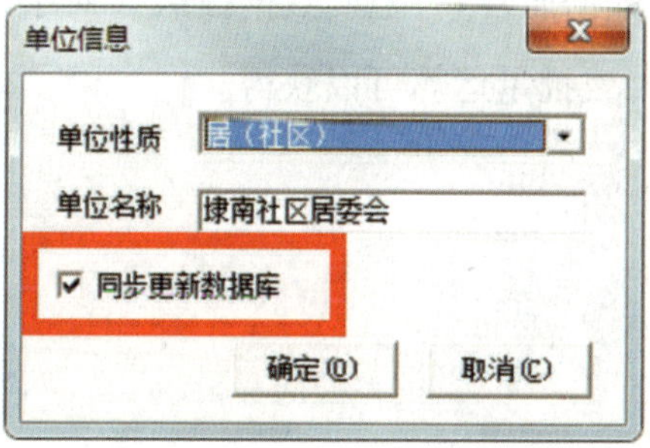

乡镇街道的调整也如此。如果是县级以上区划变动，请联系工程师。

27 报表和台账单元格颜色有白色、蓝色、绿色，分别代表什么意思？

答：白色单元格表示需要手工填写的数据，如民政事业费实际支出、捐赠等；蓝色单元格代表可以从台账中提取的数据（如果某指标对应的单元格是蓝色，但台账数据不全，也可以直接通过手工填写到报表）；绿色单元格表示自动运算的数据，不能直接填报，一般通过上年数据（对于年报的上年数据而言）、上期数据提取（对于月季报的上期数据而言），或批量运算可以获得。

28 "关联任务3"如何处理?

答：系统中各类任务并不是孤立的，例如2013年报表，它需要和2012年甚至2011年相关联，通过关联，才能进行数据比较分析，找出事物内在发展规律，关联任务3正是这个提示。解决这个问题的办法就是：

（1）先搜索再关联

点击任务下的任务管理，看看里面是否有上年的关联

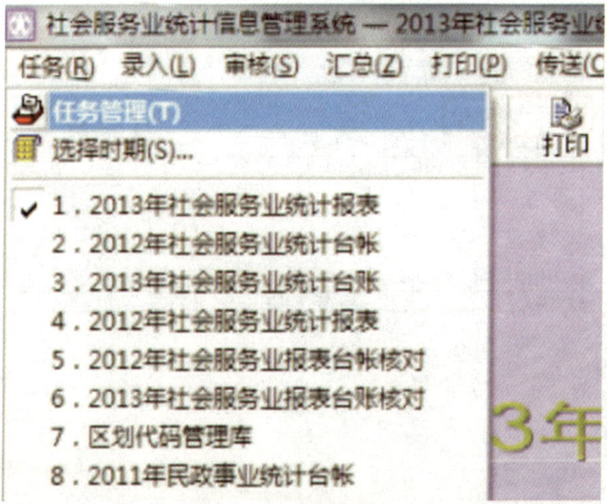

任务（这里，如果当前任务是 2012 年的报表任务，则任务栏里应该有 2011 年的报表任务；如果当前任务是 2013 年的报表任务，则任务栏里应该有 2012 年的报表任务，依次类推），如果任务栏里有，则往下看关联任务设置方法；如果没有，则点击“搜索”。

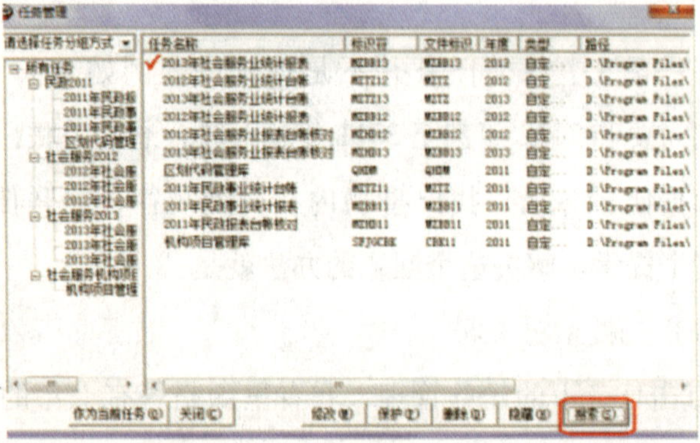

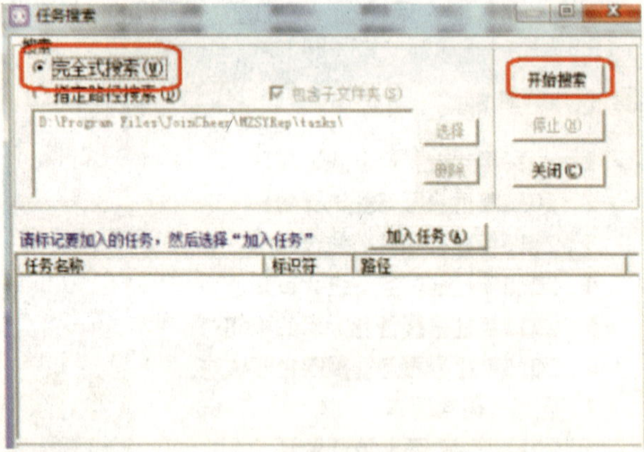

搜索出来后选中，点击“加入任务”，然后关联即可，关联方法见关联任务设置方法。

（2）先装入参数再关联

如果任务栏里没有，也没有搜索到，则需要先下载并安装参数。下载网址：http：//cws. mca. gov. cn/article/tjxxxt/sj/。

下载目前报表任务上年的参数，然后在任何任务主界面点击装入，选择上年的报表参数装入。装入时，勾选报表参数和查询模板，然后点击装入到“新建任务”，例如我们要装 2011 年的报表参数时，界面如下。

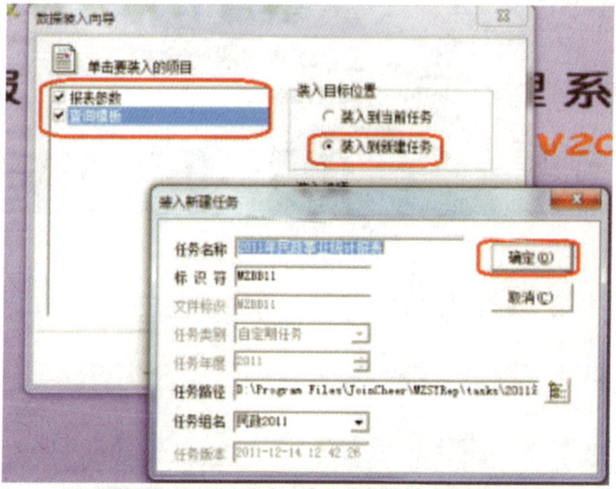

然后点击“确定”，此时问是否作为当前任务点击“否”即可，之后进行关联任务设置。

关联任务设置方法：

在报表主界面点击“高级”下的“关联任务定义”。

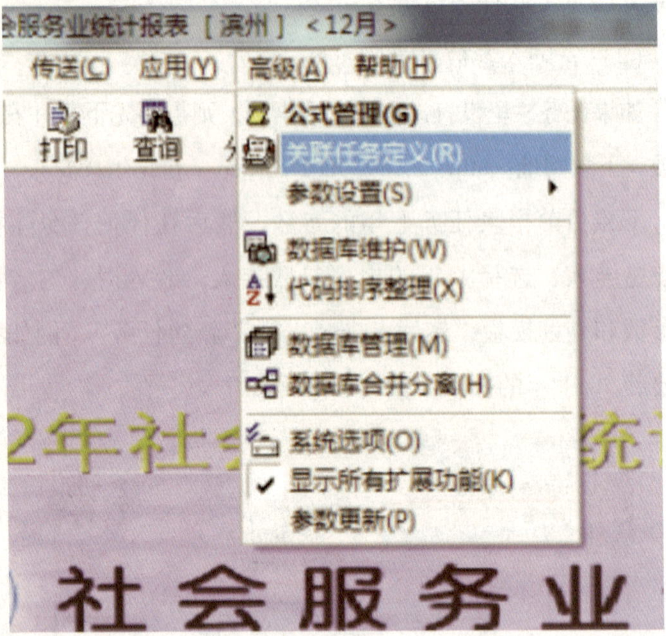

选中第三行，然后点击右上角的红色按钮。

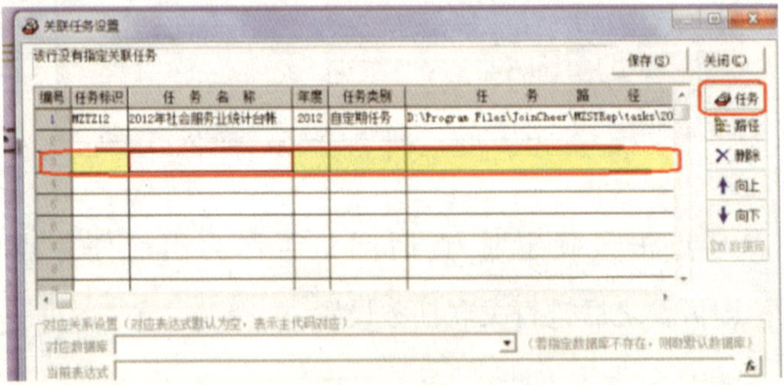

选中上年的报表任务，然后点击“确定”即可。

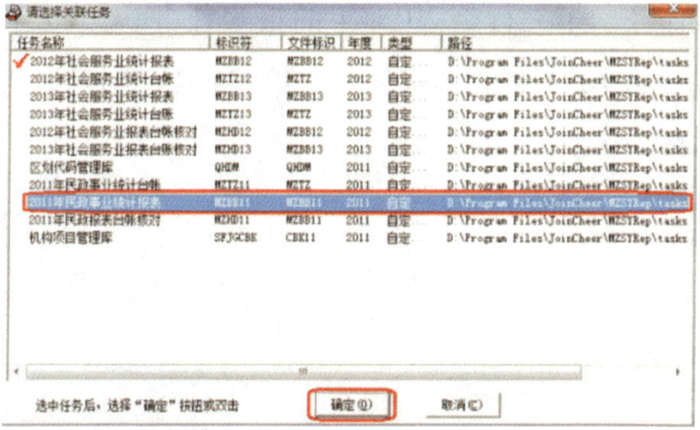

最后点击“保存”，最终的效果应该是这样的：

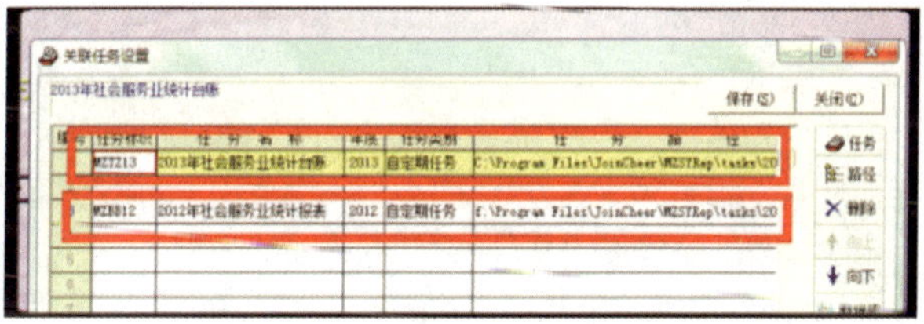

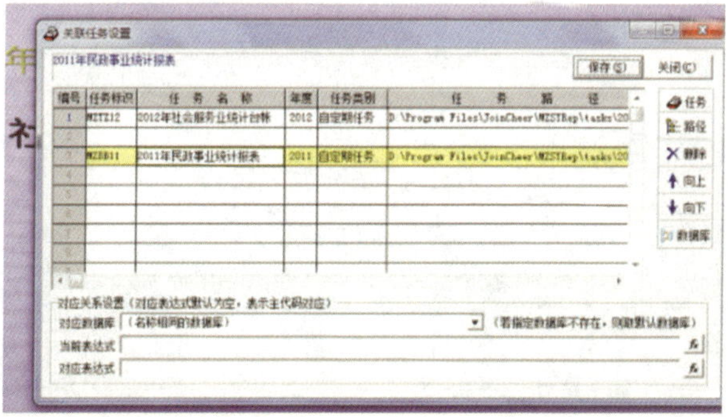

附：需要强调的是，2012 年报表的第一行是 2012 年的台账任务，第三行是 2011 年的报表任务；2013 年报表的第一行是 2013 年的台账任务，第三行是 2012 年的报表任务，依次类推。

29 文字信息表和附件信息表的作用有哪些?

答：在每月报表后，均有文字信息表和附件信息表。文字信息表主要用于说明单位变化情况、数据审核提示错误因某种原因无法修改的情况、本地报表台账审核情况以及其他需要说明的情况；附件信息表主要用于低保标准变化、单位发生变化的文件、财务支出凭证等扫描件。

30 粗结婚率与粗离婚率是怎么计算的?

答:

$$粗结婚率=\frac{结婚宗数}{(当年期初人口数+当年期末人口数)\div 2}\times 1000‰$$

$$粗离婚率=\frac{离婚宗数}{(当年期初人口数+当年期末人口数)\div 2}\times 1000‰$$

31 经常出现“法人代码有误”，该怎么办?

答：法人代码即组织机构代码，法人代码格式为××××××××－×，共9位，填报时，中间的“－”不填。如果提示“法人代码有误”，原因是组织机构代码未填满9位，或者最后一位不符合代码编制规则。解决方法：在数据录入界面点击“封面代码”，然后点击“IDC”，在弹出的界面中输入前8位，就能得到第九位。〔注：对于未登记类型的机构，其法人代码（组织机构代码）不需要填〕

32 机构类指标和人员类指标的必填项各有哪些?

答：机构类指标必填项：部门登记证号、组织机构代码、部门交换码、单位名称、法定代表人、详细地址、邮政编码、联系电话（未登记类型的机构可不填部门登记证号、组织机构代码、部门交换码，乡镇不用填部门登记证号）。

人员类指标必填项：登记时间、人员姓名、身份证号码、证件号码（结婚登记和离婚登记）。

33 为什么在分析表中存在未填完指标，完整性却达到了100%？

答：因为计算的时候数据都会四舍五入。比如，1000条信息中有5条以内没有填，四舍五入后，完整性还是100%。对于这种情况，在台账分析表中，有显示某个指标的未填个数是多少，从而帮助理解。同时，未登记类型的机构的部分指标不填是不会影响完整性的。

34 批量运算功能有哪些？

答：软件在录入下有批量运算功能，批量运算的概念可以理解为对报表或台账涉及的计算公式进行的一次性计算，减少工作重复性，提高劳动效率，如城乡低保调整标准、因优抚政策变动调整标准等。批量运算也是报表上报前的必备工作。

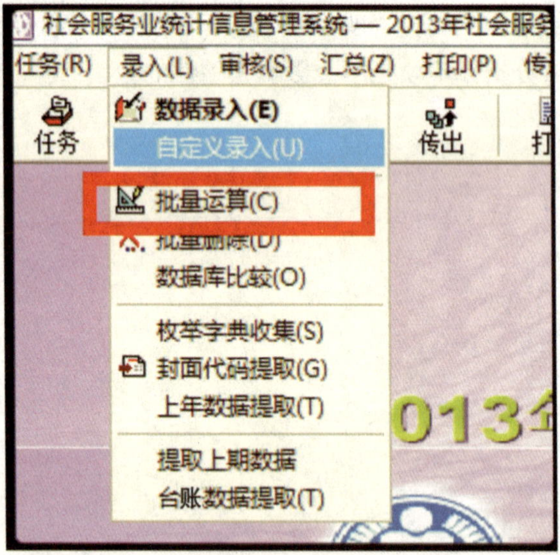

35 数据审核分为哪几种？

答：数据审核是根据软件中设定的公式，对表内数据、本期报表与上期数据、上年同期数据进行比较，以便保持数据连续性，及时发现异常情况，防止错报漏报，提高报表质量。数据审核分为逻辑性审核和核实性审核，逻辑性审核是系统设定的重要指标，一般不允许出现错误；核实性审核是因为部分指标数据具有不稳定性，变动稍微过大也属于实际情况，对同类数据还可以批量说明。这也是报表报送前的必备工作。

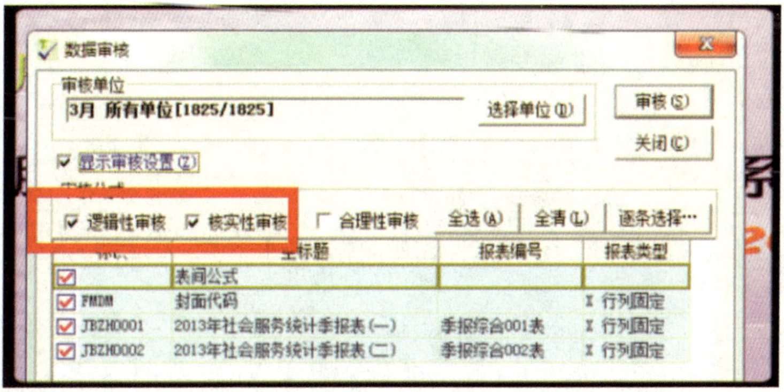

36 汇总功能有哪些?

答：汇总主要是将下级单位数据统一汇总到上级单位中，以利于了解全省、全市的整体情况，实现数据分析、数据传送功能。正常情况下，在主界面上直接汇总即可。这也是报表报送前的必备工作。

37 打印功能有哪些?

答：报表打印是报送的重要环节，一般情况下，每月将报表做好后应打印出来送交分管领导签字盖章，再发给上级部门。打印分为录入表打印和分析表打印，录入表打印只能看到全省、市、县总体数据，不能看到具体单位，但简单明了；分析表打印可以看到县级单位，有利于数据错误查找。系统中提供了多种打印功能，如封面打印、表样打印等，各地可根据实际需要有针对性地打印，确保数据的准确性。

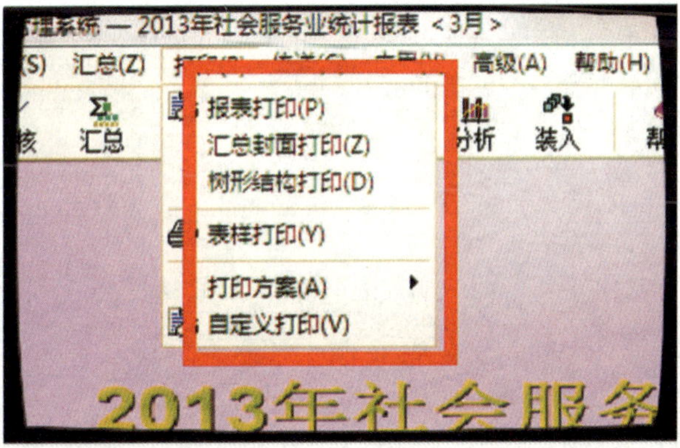

38 数据传出功能有哪些?

答：由于软件系统目前是单机版，还无法实现网络版，所以在报表和台账审核通过后要导出文件，形成扩展名为jio的文件，然后再上传到上级部门汇总、审核。数据传出可分为整体传出、部分传出、传出数据、传出参数等多种方式。

39 查询——乡镇查询有什么功能?

答：报表系统中有查询功能，查询的目的是了解报表报送情况和水平。操作如下：

第一步，打开主界面，点击“查询”，出现对话框。

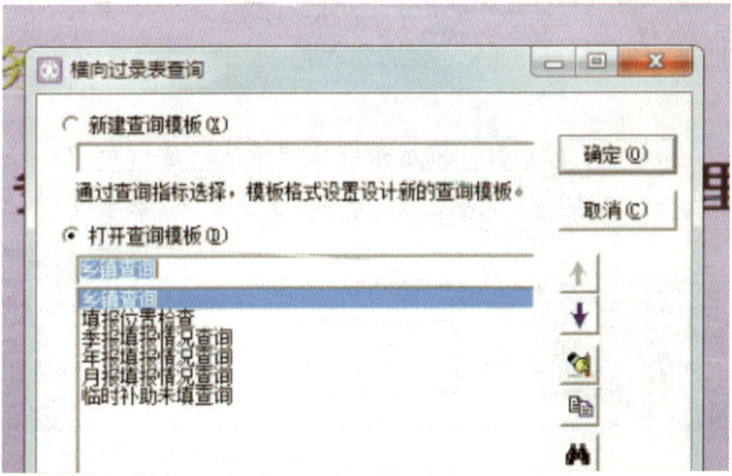

第二步，选择乡镇查询，出现对话框（注意红色部分）。

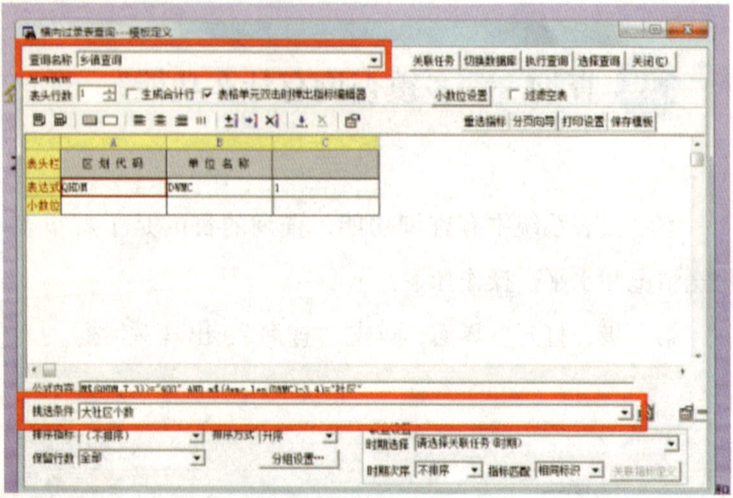

第三步，分别打开挑选条件按钮按次序进行查询，对后面提示“查错”的都要执行查询。

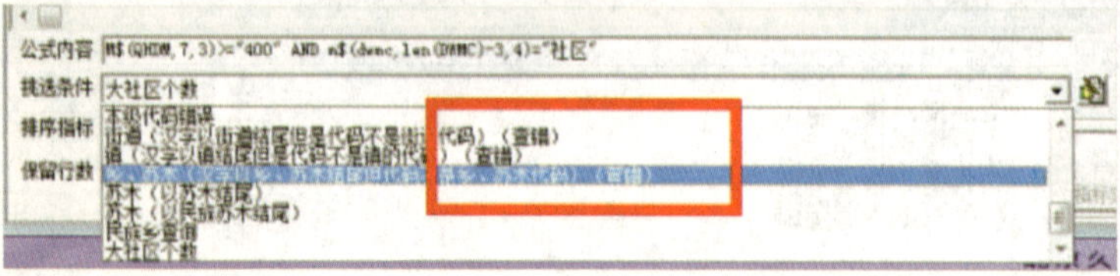

第四步，当出现以下对话框时，就代表没有问题了。

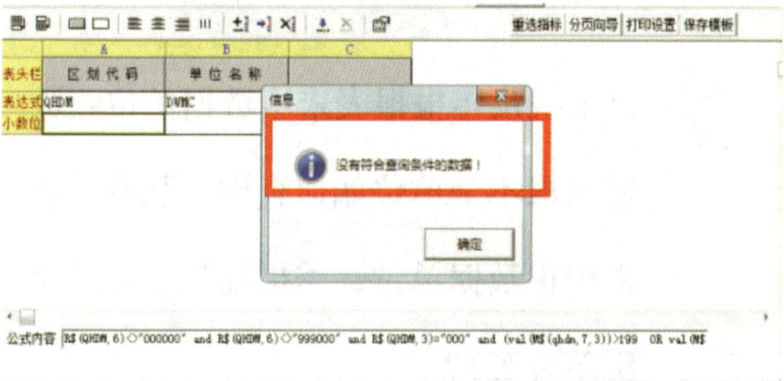

40 月季报及年报报表未填数据单位或数据填报不全单位如何查询（旨在找出未填报数据单位、季报漏报标准的县级单位等）？

答：查询模板中，根据需要实际时期选择月报、季报或年报的查询表，从而找出部分不合理的信息。

如季报情况查询，对其中的未填数据乡镇、未填标准表的县级单位、误报村（居）委会都要分别查询。

未填报数据乡镇：一般情况下不应该有，因新增或其他历史原因没有相关数据的，写清说明即可。

未填标准表的县级单位：前面说过，县级单位都有录入表和标准表两种，如果查询有单位出现，就是忘记录入了，需要补录。除非没有该类人员而没有标准，例如部分区县没有农村低保人员，所以没有农村低保标准，写清说明即可。

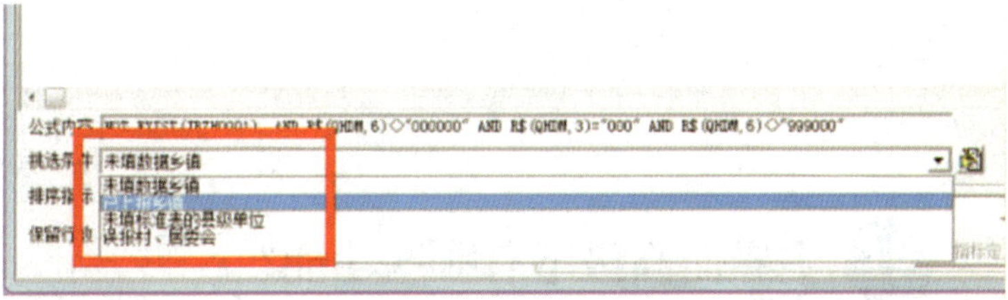

误报村（居）委会：报表只要求到乡镇级单位，但在实际中，有部分地方将村（居）委会级单位也在报表中报送了，这是不对的。

41 主界面高级下有哪些功能?

答:(1)公式管理功能。报表审核为什么会出现逻辑性错误或核实性提示?这是因为软件中有上千条公式在支持审核,其中表与表之间的有 700 条,表内公式 5525 条,公式设置科学合理、结构清晰,防止报表错误。打开主菜单,在高级下有公式管理选项,点开后会出现许多公式。

(2)代码排序功能。主要作用是对报表结构按照区划代码进行排序,有利于查找和美观。报表是有结构的,单位顺序很重要,每个月均要保持一致,但有些地方上报数据并不是按这个顺序先后上报的,所以必须要进行排序。这是报表报送前需要进行的必备工作之一。

(3)数据库管理。系统支撑多个数据库系统,正常情况下均是默认系统,在主界面左下角即可看出来。但有时也需要将数据进行分开审核或汇总,如统计大别山区、皖江城市带等,或单独审核某一县区等。

(4)数据库合并分离。正常情况下市及以下用不上。

（5）数据库维护。主要用于使数据的表格格式与参数的表格格式一致。在升级时，经常调整指标，升级后，参数得以更新，需要进行数据库维护才能保证数据的格式与参数的格式一致。

42 因工作需要而更换电脑，系统如何操作?

答：首先找到原电脑中的安装路径，如 x：\ program files \ joincheer \ mzsyrep \ tasks，将 tasks 文件夹复制下来。之后用安装盘在新电脑中装入程序，然后在新电脑中找到 tasks 文件夹，用原电脑的 tasks 覆盖新电脑的 tasks 即可。

43 装入时提示结构不一致，为什么？怎么办？

答：上级部门在装入下级部门数据时，有时会出现此类情况，这是由于上级或下级没有升级成功的原因，但这不影响数据录入。解决办法是，上级或下级按照升级办法重新升级，并确保成功，升级成功后进行数据库维护，然后重新装入数据。

44 如何既显示标识又显示标题?

答：在数据录入界面，点击左上角的“选表”按钮，选择“表页签显示内容”下的“报表标识和标题”，如下图所示。

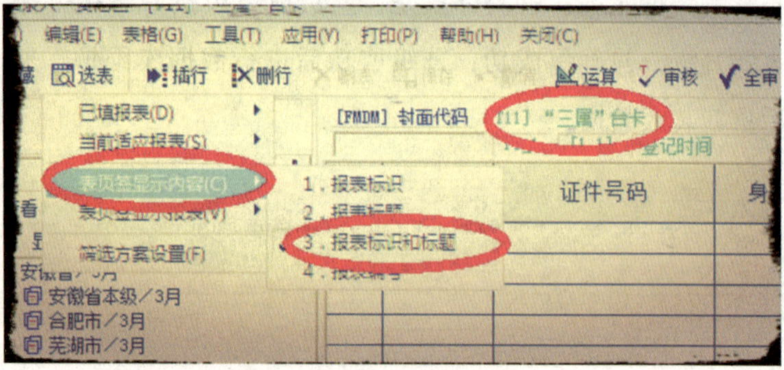

45 金山毒霸如何添加为信任？

答：第一步，打开金山毒霸，打开病毒查杀界面，选择界面右下角的“信任列表”。

第二步，跳转到新的页面，点击右上角的“添加”。

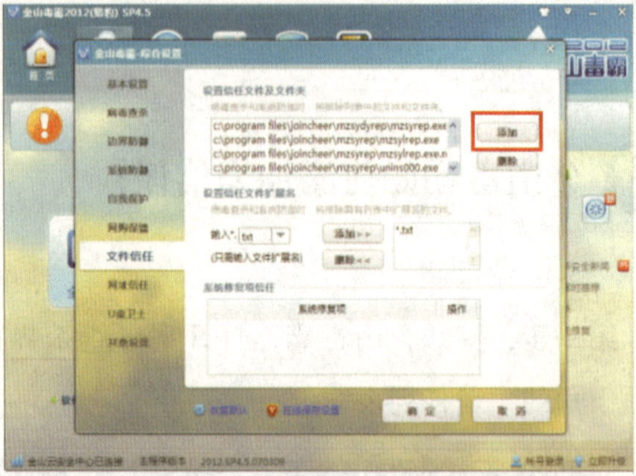

路径可以右键点击桌面快捷方式，点击“属性”，如下图。

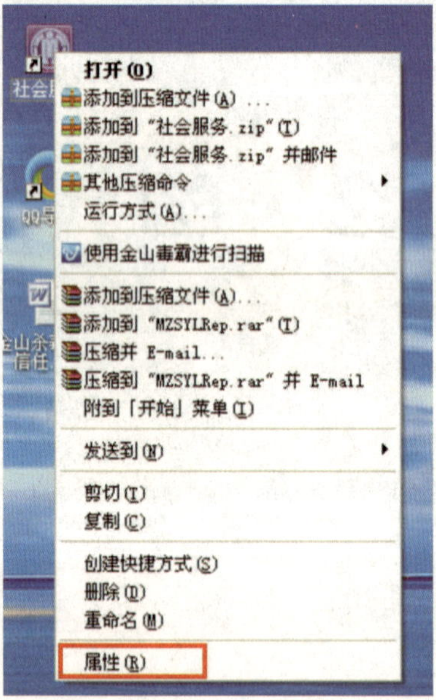

点开属性后在快捷方式栏下的目标就是应用程序的路径，即需要添加信任的路径及文件。

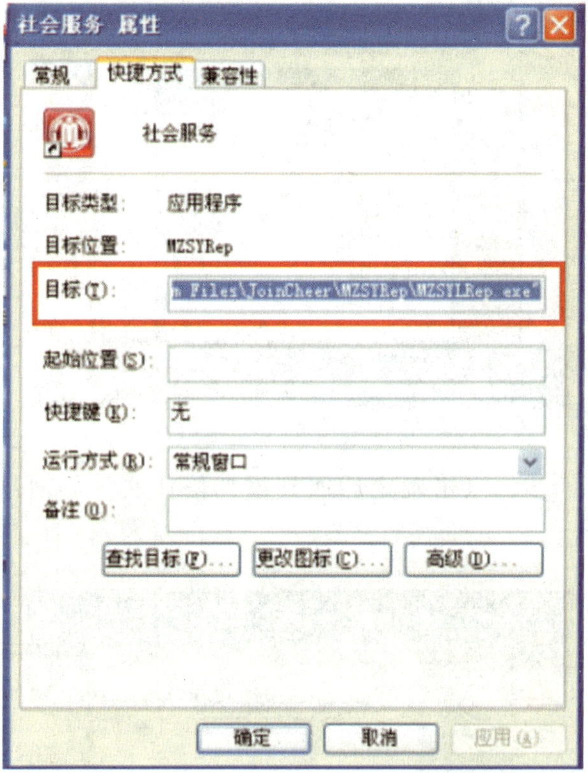

第三步，按照路径选择应用程序，选中，点击“确定”。

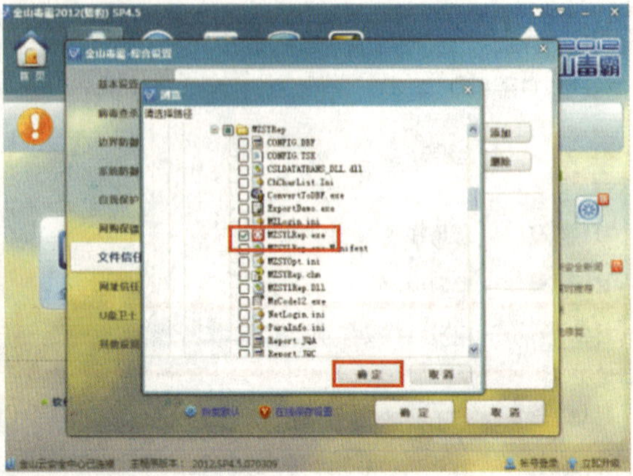

第四步，点击确定后回到添加信任文件界面，点击“确定”。

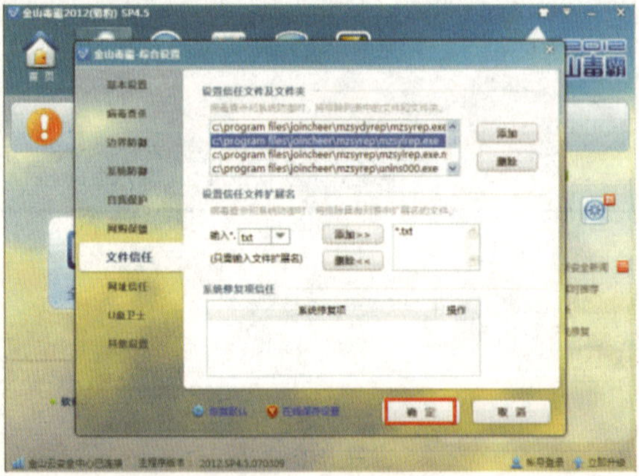

46 婚姻登记系统修改台账编码及导出接口文件的步骤是什么？

答：（1）管理员用户登录系统，在系统维护选项（如下图）中点击“机构信息维护功能”，选择自己部门修改“台账部门编码”即计财部门的 12 位区划代码，然后保存，需要重新登录生效。

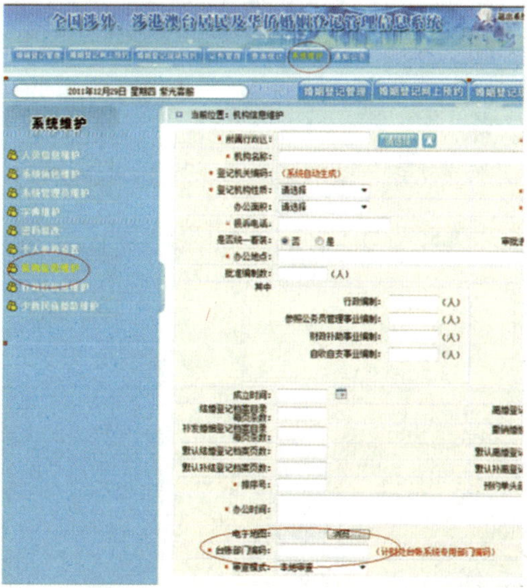

（2）导出接口文件，提供给计财部门。

在“查询统计”中，点击“台账导出”，选择“登记日期”及“导出月份”，点击“导出”即可。

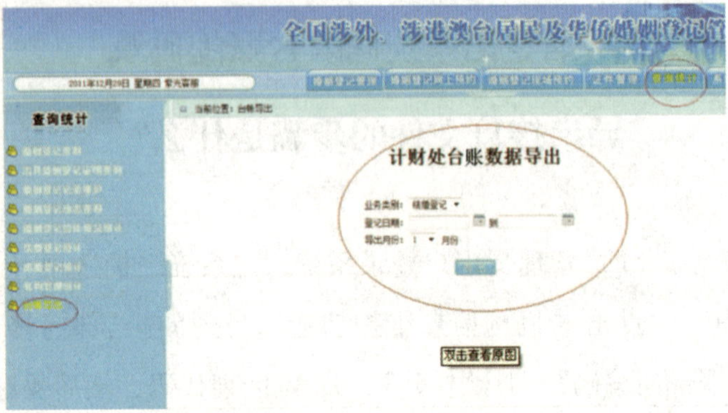

三、业务篇

YE WU PIAN

47 季报表审核步骤有哪些?

答：第一步，审核前，先进行相关操作。汇总→代码排序整理→上期数据提取→批量运算。然后进行审核。

第二步，整体看一下。看看手工填入的指标的完整性，标准表填报情况，数据的同比增长率是否有过大的情况。

第三步，点击数据审核。根据审核的提示核实数据的正确性，并及时与业务部门核实，和发放凭证数据量核准。

第四步，点击分析，主要看五保、城乡低保人均支出水平是否超标。

第五步，查询——乡镇查询——季报查询等，查询未填报数据单位、标准表填报情况等。

第六步，填报单位比较。

第七步，结合问题，进行填报说明。

第八步，数据核实完后，汇总→代码排序整理→上期数据提取→批量运算，然后传出上报。

48 台账审核的步骤有哪些?

答：台账审核需要五步。

在审核前，先核实是否有区划调整，区划调整后，需要先做汇总→代码排序整理→批量运算；做完后，再开始审核。

第一步，数据审核。审核逻辑性和核实性错误。

第二步，填报单位比较。

第三步，台账分析〔重点分析统计台账村（居）委会填报情况、民政管理单位指标填报情况（所有）、人员类必填项情况、居委会代码名称情况、村委会代码名称情况〕。

第四步，查询。根据分析出来的问题，查询出有问题的单位，并修改。

第五步，重复性数据检查。

49 如何查询数据的完整性？

答：完整性是指单位类台卡基本情况是否填写完整，目前由登记日期、部门登记号、组织机构代码、部门交换码、单位负责人、地址、邮政编码、电话号码共 8 项内容构成，全部填写完成，则 100%。未登记机构部分指标（部门登记证号、组织机构代码等）若没有，可不填。

操作中可以执行如下步骤：

第一步，在台账系统中点击桌面分析菜单。

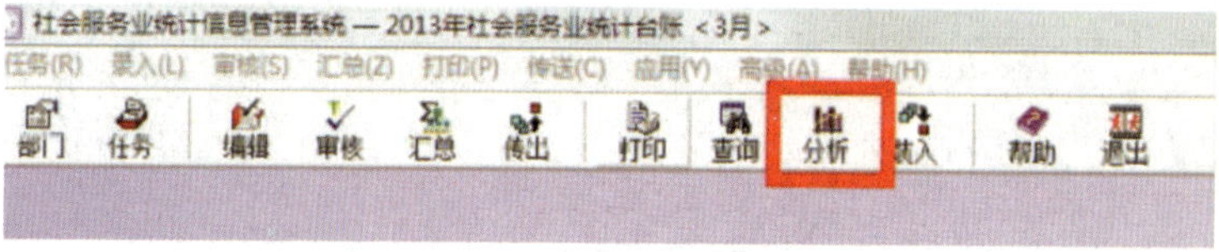

第二步，选择填报情况。

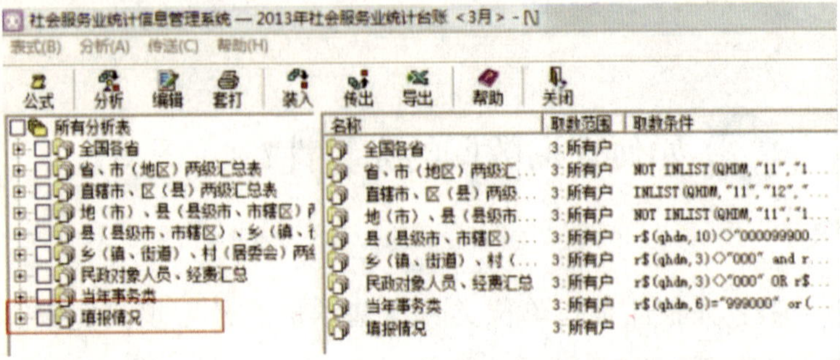

第三步，在产生分析结果界面中依次输入结果名称，选择分析单位，确定好截至日期。

第四步，打开分析界面，查看民政单位所有数据的完整性。

50 台账重复性数据如何检查？

答：重复性是指在同一民政对象类台卡中，出现重复数据。重复性标准是身份证号码相同或在没有身份证的前提下家庭住址和姓名同时相同。检查办法是：

第一步，打开台账系统，选择左下角的公式，双击，在弹出的界面选中重复数据检查，点击“选择”。

第二步，点击左上角“录入”菜单下的“检查重复数据”。

第三步，检查完成后，点击“审核”菜单下的“数据审核”。审核完后就会出现提示，然后对照错误一条一条核查修改。

注意：结婚、离婚可以允许重复，但重复次数不应该过多，而且要予以说明；城乡医疗救助台卡允许重复，但重复次数要在合理范围之内；火化人员除无名尸外，其余都应该有身份证号码等，不应该会出现重复；孤儿台卡由于部分孤儿没有身份证，也有可能出现重复，据实说明即可。

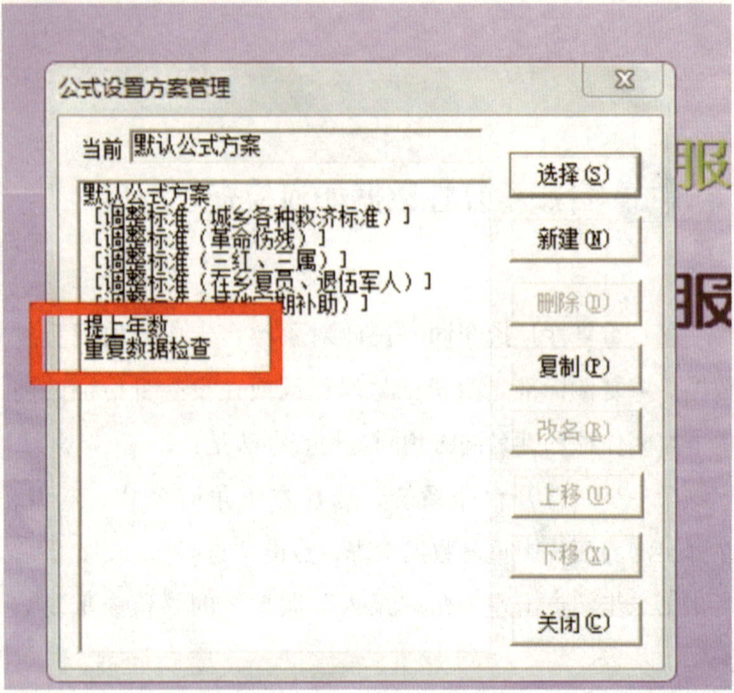
公式设置方案管理
当前 默认公式方案
默认公式方案
[调整标准（城乡各种救济标准）]
[调整标准（革命伤残）]
[调整标准（三红、三属）]
[调整标准（在乡复员、退伍军人）]
提上年数
重复数据检查
选择(S)
新建(N)
删除(D)
复制(P)
改名(R)
上移(U)
下移(X)
关闭(C)

51 核对率如何检查?

答：核对率是指报表数据与台账数据的一致性，目前一般报表数据均应该从台账中提取。安徽省从2010年12月起实现核对率100%。根据2013年第一季度报表看，143项季报指标现在需要核对的指标达到102项，占总指标的71%。具体操作如下：

第一步，打开核对系统。

第二步，将当期报表装入进来。

第三步，在核对系统下提取台账。

第四步，点击审核，审核提示全部通过，即完全正确。

52 县、乡镇（街道）、村（居）委会设置、撤销批准权限是什么？

答：县以上单位调整（包括新增、撤销、合并、更名等）需要国务院文件；街道由所在地市级或省级政府批准调整，调整后及时报省民政厅备案；乡镇一般由省民政部门审核后报省政府批准；村（居）委会一般由县政府批准调整，调整时应该有相应正式文件作为依据。

53 单位树形结构如何比较?

答：树形结构统计可以查看当前时期的不同级次的单位情况，也可以和不同时期的单位进行比较，很方便地查找出它们的不同之处；同时，也可以将比较结果导出。操作方法如下：

第一步，点击审核下的“树形结构统计”。

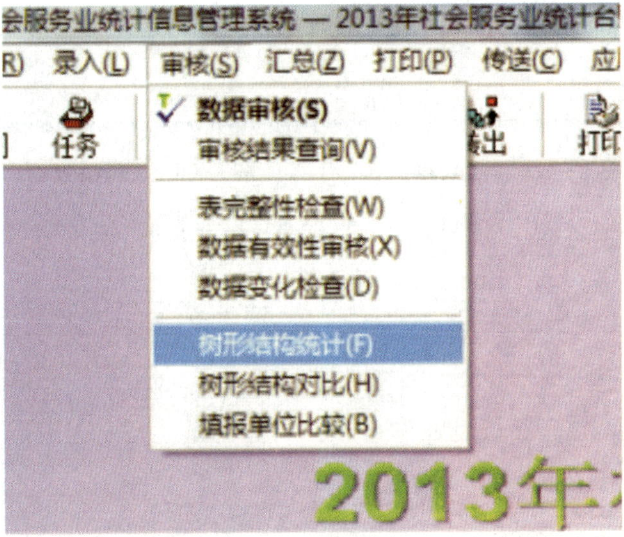

第二步，在弹出的界面中需要注意两个地方：

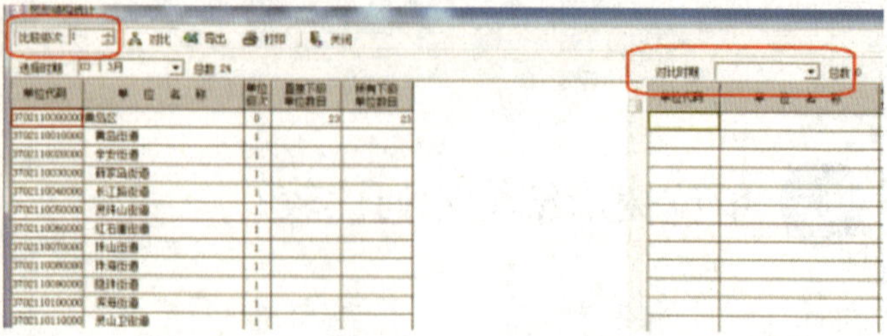

一是比较级次，该级次表示下面显示单位的级次。在系统存在的单位中，最高级为 0 级，往下一级为 1 级。例如，黄岛区为系统中数据的最高级，它就是 0 级，下属街道为 1 级，村（居）委会为 2 级，依次类推。

二是对比时期，这是表示要进行单位比较的时期，当前时期是03 月，选择自己需要的时期。例如，选择 02 月，结果如下：

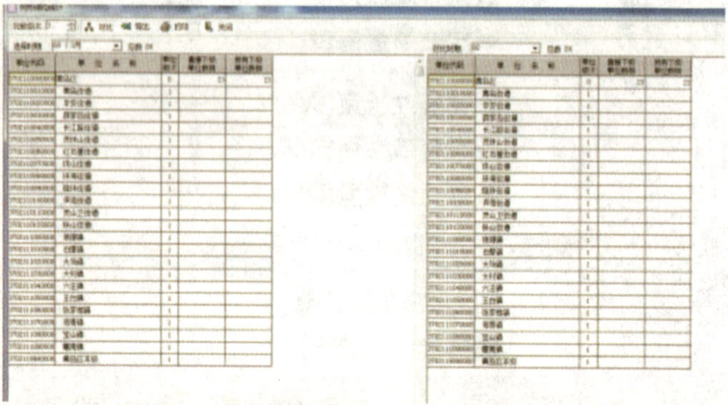

上图表示 3 月和 2 月的 0 级和 1 级单位完全一致。

当将级次选择到 2 级时，显示结果如下：

大家可以看到，红色的地方就是不同之处。对于港务局，其代码和 2 月不同，所以显示 3 月有港务局【370211001016】，2 月有港务局【370211001600】。

这样，3 月和 2 月相比，代码不同和代码相同名称不同的就都显现出来了，如果两边的显示结果中没有红色字符，就表示两边一致。导出代码和名称，即完成。

54 树形结构与基层群众性自治组织台卡如何对应上？

答：树形结构是软件中设计的，便于工作中查错、定位、排序、汇总等，是操作中必须要有的。基层群众性自治组织台卡是详细记录村（居）委会单位情况的台卡，是月、季、年报村委会、居委会两项数据对应的台卡。保持树形结构与基层群众性组织台卡相一致，是我们工作开展的前提条件。

查询最简单的办法就是，打开台账系统，选中乡镇（街道）本级，然后将基层群众性自治组织台卡中的单位名称、编码、顺序与树形结构保持一致。

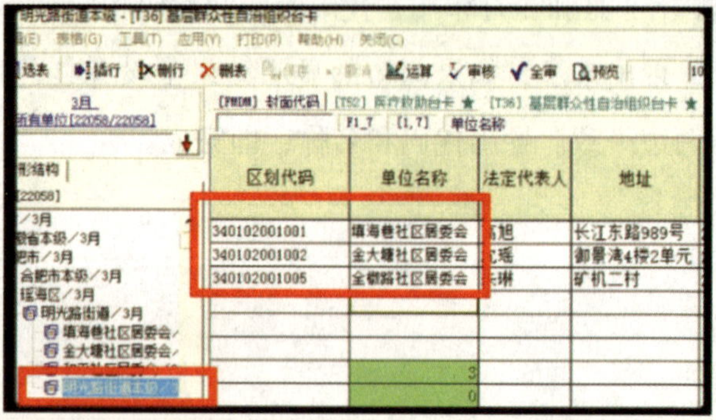

如果是市级、省级单位，由于数量较多，可以使用另一种方法，即分三步走：

第一步，打开台账系统，选择查询——村（居）委会查询——法定村（居）委会个数——执行查询。操作的目的是了解树形结构中村（居）委会的数量。

第二步，打开报表系统，选择【133，1】居委会指标，并汇总显示分到县级以上单位数量。操作的目的是了解各地实际报送的村（居）委会数量。

第三步，将上述两项放入 Excel 中，并设置公式加以比较，这样能够快速地定位到错误地方，并及时查找。

55 季报表中人口数如何填写?

答：本地人口数是民政统计分析时重要参考指标。每千名老年人拥有床位数、每万人拥有社会组织数等规划指标监测时，都涉及本地人口数。另外，民政对象占人口数的比重、民政事业费人均支出水平等测算也需要人口指标提供支撑。在填报时需要注意：一是该指标是当地全部人口数，包括农业人口数和非农业人口数；二是指标不宜频繁变动，每年度变动一次即可，变动月份根据本地要求而定；三是指标单位是“万人”，不是“人”。

56 社区服务指导中心、社区服务中心、社区服务站如何区分?

答：凡是依托县区以上级建立的社区服务机构统一称为社区服务指导中心，依托乡镇（街道）一级建立的是社区服务中心，依托村（居）委会级的是社区服务站。

57 街道一级撤销后，成立大社区，原先的社区服务中心怎么办？

答：街道撤销后，原属于街道的社区服务中心，按隶属关系划为社区的，登记为社区服务站，不再按社区服务中心办理；划为区级的，登记为社区指导中心，不再按社区服务中心办理。

58 村级的社区是叫农村社区服务中心还是农村社区服务站？

答：统计不是按名称来登记的，而是按照级别层次来区分的。乡镇建立的都是农村社区服务中心，村委会建立的都是农村社区服务站，不论叫什么名字。

59 民间办养老服务机构登记为民办非企业单位或收留抚养（收养）性单位?

答：有些单位属于民政统计 43 张台卡中好几个，这时就要分类别登记，如民间办养老服务机构，既可能是民办非企业单位，又可能是城市老年公寓，那么既要在民间非企业单位台卡中登记，也要在收养性单位中登记。

60 年报基建表中开工累计完成投资与本年实际完成投资有何关系?

答：开工累计完成投资是指自项目开工以来的总投资；本年实际完成投资是指该项目本年度完成的投资。理论上，一个项目可能需要经过几个统计年度，不一定都在当年完成。具体情况可以这样处理：

一是当年投资，当年完成的。开工累计完成投资可以等于本年实际完成投资，说明一下即可。

二是当年投资，当年未完成的。下一年度填写时，开工累计完成投资应该大于本年实际完成投资。

三是以前年度项目已完工，但在上年统计数据内未填写已完工项目的，写说明。

四是项目取消的，写说明。

61 城乡低保支出水平为什么不能超过补助标准？

答：目前，对于低保和五保的支出金额，其保障金和临时补助金已经要求分开填报，已经不存在临时补助金过高影响支出水平的情况，在报表审核时，低保、五保支出水平由低保、五保的保障金支出金额除以城乡低保人数再除以月份计算得出。应该说，低保、五保的支出水平应该不超过补助标准。如一家3口人，城市低保标准为300元，实际收入600元，计算得出应该每月给予补助300元，城市低保人均支出水平是100元，这样显示是城市低保支出水平100元，没有超过300元标准，这就属于合理；如果超过标准，应该予以详细说明并附纸质说明。当然，对于支出水平更严格的计算方法是按照分析表里的支出水平来看。计算公式为：

$$支出水平=\frac{截至当前月份的累计支出金额 \div 月份}{各月人数之和 \div 有人数的月份数}$$

62 报表中国家抚恤、补助各类对象从哪里提取出来?

答：国家抚恤、补助各类对象是指依照法律和政策的规定享受国家、社会和群众抚恤优待、补助的人员。该指标从台账系统中“三属”、“三红”、革命伤残军人、在乡复员军人、在乡退伍军人以及其他定期补助人员中提取。

63 标准表如何填写才算正确?

答：标准表只有县级单位才需要填写，市级及以上不需要填写。填写标准表主要是为了了解当地民政对象主要保障标准情况。标准表分为社会救济标准和优抚标准两大类。

社会救济标准分为城市低保、农村低保和农村五保、孤儿救助标准等。需要注意：一是城市低保、孤儿救助单位是月标准，其余均为年标准；二是孤儿集中月人均标准不应该低于1000元，分散月人均标准不应该低于600元，这是国家法定标准，各地均不能低于此标准；三是农村低保标准和农村五保标准各省（自治区、直辖市）也有相应的最低标准；四是标准与实际补差水平是不同的概念。

优抚对象标准种类较多，而且随着国家经济社会发展，近年来在不断调整之中，需要及时关注民政部网站上的变化，始终保持一致。

64 每月（季）报送报表前的步骤有哪些?

答：一份高质量的报表和台账，除了逻辑性审核无错误，核实性提示有说明外，在报送报表前还应该进行批量运算、汇总、排序、数据库维护等操作，使其数据得到汇总、排序得到优化、结构更加完美。

65 生成表和录入表的关系如何?

答：年报表中有生成表和录入表两种类型。生成表根据录入表而来，是录入表的综合和汇总，方便查找相关类别的数据。例如生成表中有“收养性单位生成表”，从而就能知道收养性单位的机构数、床位数等指标，简单明了。

66 乡镇（街道）级单位调整如何操作？

答：近年来，乡、镇、街道级单位随着经济社会发展，变化也较快，乡改镇、镇改街道已经成为区划调整的常态工作。民政统计报表要紧跟区划调整步伐，始终与其保持一致，这是对统计工作最基本的要求。具体操作步骤参考村（居）委会级单位。

67 如何一次性调整城乡低保、农村五保、优抚标准？

答：城乡低保等标准各地都随着经济发展水平在不断调整，基本建立与当地物价水平相适应的动态管理增长机制，一般于每年年初或年末调整。调整时如果对每一个对

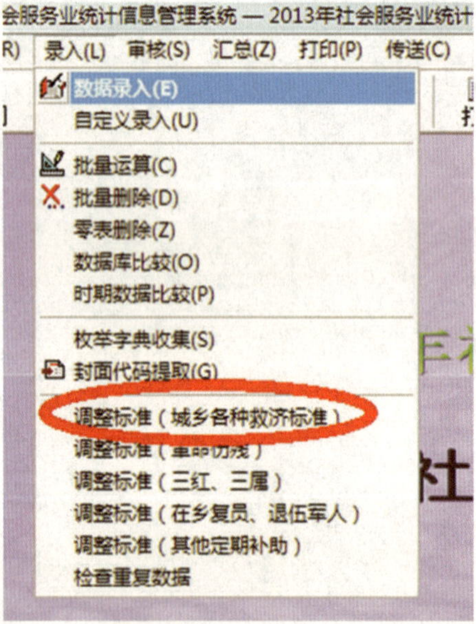

象信息一条一条修改，工作量将异常繁重，而且也没有必要。在软件中可以实现一次性调整：首先选择录入下调整标准，之后选择需要调整的单位。根据需要选择调标类别，然后调整金额确定就可以了。

68 如何正确提取台账?

答：全省报表自 2010 年 12 月起能够完全从台账中提取。台账数据的准确性、完整性直接关系到报表的质量，但在实际工作中，一些地方提取不够完整等情况也经常出现。比如台账中确实有 100 位结婚登记人员，但提取出来却是 99 或更小，一条一条找确实可以，但如果数量更多，1000 条、10000 条、10 万条怎么办？一般出现此类问题的原因是数据登记时间不一致。如上例，以 2013 年为例，结婚登记是要求本年日期的，如果登记时间为 2012 年肯定不行。此时解决的办法很简单，有如下几步：

第一步，打开台账系统，选择好县级或市级单位，然后在右上角选择对应的台卡，随便选中某一单元格。

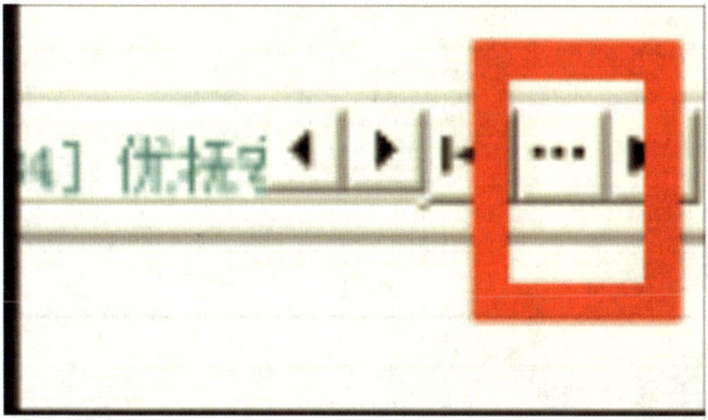

第二步，使用编辑浮动数据功能，对数据按照填报时间进行排序，然后下拉或上拉，就能快速找到填报错误的单位。

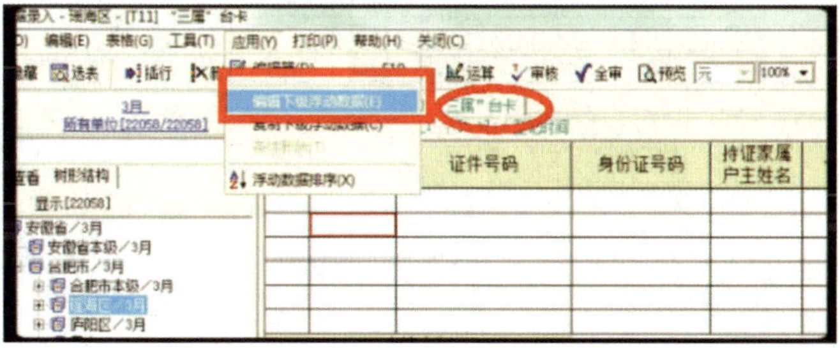

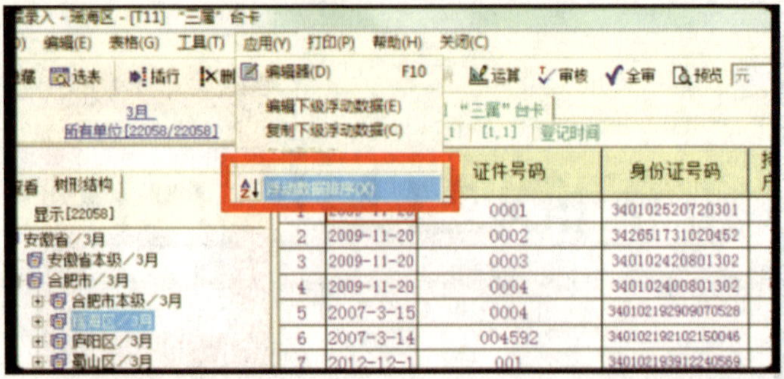
编辑(E)
表格(G)
工具(T)
应用(V)
打印(P)
帮助(H)
关闭(C)
选表
插行
编辑器(D) F10
编辑下级浮动数据(E)
复制下级浮动数据(C)
浮动数据排序(X)
运算
审核
全审
预览
3月
所有单位[22058/22058]
树形结构
显示[22058]
安徽省／3月
安徽省本级／3月
合肥市／3月
合肥市本级／3月
庐阳区／3月
蜀山区／3月
证件号码
身份证号码

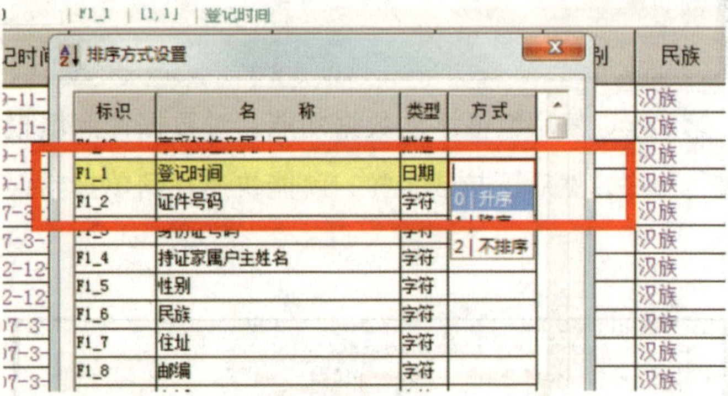
F1_1
[1,1]
登记时间
排序方式设置
标识
名　称
类型
方式
F1_1
登记时间
日期
0 | 升序
2 | 不排序
F1_2
证件号码
字符
F1_4
持证家属户主姓名
字符
F1_5
性别
字符
F1_6
民族
字符
F1_7
住址
字符
F1_8
邮编
字符
民族
汉族

69 收留抚养（收养）性单位包括哪些？

答：收留抚养（收养）性单位指提供住宿的，不以营利为目的的革命伤残军人休养院、复员军人慢性病疗养院、复退军人精神医院、光荣院、社会福利院、儿童福利院、老年收养性机构等，总共包括10大类。

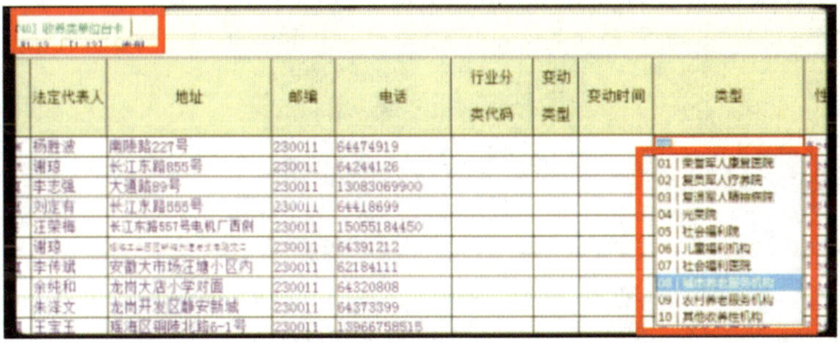

70 民政事业费实际支出的概念是什么?

答：民政事业费实际支出是指至某月底民政部门的总支出，凡是用于民政事业方面的支出都应该统计进来，属于时期、累计指标。同时，报表将指标细化，将民政主要业务指标如救灾、低保、五保等实际支出情况单列出来。民政事业费实际支出指标应该大于或等于其中项。

71 报表民政事业费中经常会出现其中项增加值大于合计项增加值的情况，如何解决？

答：民政事业费实际支出应大于等于城市低保、农村低保、农村五保、城市医疗救助、农村医疗救助和抚恤事业费之和。民政事业费实际支出指标是全口径的，其中救灾等指标只是其中一部分实际支出，正常情况下，其中项增加值合计不应该大于民政事业费实际支出增加值。例如，上月民政事业费 100 万元，救灾 20 万元，无其他支出项；本月救灾增加 10 万元，那么救灾本月应该填写 30 万元，民政事业费至少在 110 万元以上；如果没有把民政事业费填到 110 万元以上，就会出现错误。

72 民政事业费实际支出与基本建设支出有何关系?

答：民政事业费实际支出与基本建设支出属于平行关系，不是包含关系。从代码就可以看出来，民政事业费实际支出代码是JZH11310000，基本建设支出代码是JZH11320000，属于平行关系，不存在包含关系。

73 什么是基本建设支出？

答：基本建设支出是反映一定时期民政部门投资情况的指标，指本年1月1日至本年最后一天为止累计完成的全部投资额，包括建筑安装工程价值、设备、工具、器具的购置费。

74 城市低保、农村低保、五保供养为什么要区分为正常保障金支出和临时补助支出两种类型?

答：凡是用于城乡低保、五保供养方面的支出都应该统计到台卡中。区分为两种类型是为了更加科学、合理地对支出水平进行核算。以前将临时补助放在整个支出中，计算正常支出水平时，无法区分正常支出和临时支出水平，从而不能保障低保、五保支出水平在正常情况下小于保障标准。目前列出临时补助后，计算支出水平时临时补助不计算在内。

75 民政事业费是否需要从台账中提取?

答：民政事业费目前暂时没有台卡来支撑，是需要手工填写的。在填写时一定要注意：单位是万元，不是元；是累计指标，不是当月指标。

76 孤儿数的填写需要注意什么?

答：孤儿是社会最弱小、最困难的群体，最需要呵护和关爱，孤儿数指标在报表体系中非常重要。

（二）儿童收养	JZH12200000		
1.孤儿数	JZH12210000	人	28,298
其中：集中供养孤儿	JZH12211000	人	3,850
社会散居孤儿	JZH12212000	人	24,448
其中：中央财政补助孤儿	JZH12213000	人	28,234
地方财政补助孤儿	JZH12214000	人	64

填报时需要注意：一是该指标社会关注度高，需要认真核对；二是必须要建立健全孤儿台账，用完善的台账来支撑数据；三是孤儿数要与资金相适应，计算人均保障水平不得低于国家标准。

77 城市“三无”人员救助如何填写？

答：“三无”人员和城市“三无”人员人数区别：城市低保三无人员是指已经享受低保，并且在人员类别中是无生活来源、无劳动能力、无法定赡养人（扶养人或抚养人）的人员。既是三无人员又是老年人或在校学生的，统计为“三无”人员。城市三无人员救济情况分为两种：一种在城市低保中救助，其相关数据填写在低保数据中；另一种是有部分地区实行了单独的救助，不在低保中反映，而是单独填报相关数据。

78 五保集中供养率和五保供养能力如何计算?

答：五保集中供养率反映本地农村五保对象集中供养程度，等于农村五保集中供养人数除以总的五保供养人数的百分比；五保供养能力反映本地农村五保集中供养能力，等于农村养老服务床位数除以全部五保供养人数的百分比。

$$农村五保集中供养率=\frac{农村五保集中供养人数}{全部五保供养人数}\times 100\%$$

$$五保供养能力=\frac{农村养老服务床位数}{全部五保供养人数}\times 100\%$$

79 报表中医疗救助的关系是什么?

答：在2013年第一季度报表中，医疗救助分为城市和农村两大类，两大类中又分为医疗救助人次数和资助参加合作医疗人次数，所以医疗救助人（次）数由四类组成：城市医疗直接救助人次数、城市民政部门资助参加居民医疗保险人次数、农村医疗直接救助人次数、农村民政部门资助参加农村居民医疗保险人次数。填报时一要注意图中四个框是并列关系，不存在包含关系。

[illegible]	[illegible]	[illegible]	[illegible]
4. 医疗救助	JZH12440000		
（1）城市	JZH12441000		
民政部门城市医疗救助人次数	JZH12441100	人次	25,711
住院救助人次	JZH12441110	人次	22,966
门诊救助人次	JZH12441120	人次	2,745
民政部门资助参加医疗保险人数	JZH12441200	人	38,473
（2）农村	JZH12442000		
民政部门农村医疗救助人次数	JZH12442100	人次	182,199
住院救助人次	JZH12442110	人次	125,921
门诊救助人次	JZH12442120	人次	56,278
民政部门资助参加合作医疗人数	JZH12442200	人	365,354

80 传统救济包括哪些人员？

答：传统救济指国家规定由民政部门救济的特殊人员和20世纪60年代精简退职老职工救济人员，特殊人员包括麻风病人、原国民党起义（投诚）人员、归侨、台胞台属、宽大释放人员、摘掉“右派”帽子人员、因公负伤的下乡知青、因计划生育手术事故造成死亡或丧失劳动能力人员、解除劳教人员、刑事罪犯家属、60年代精简退职职工等。登记这类人员时登入其他人员类，登记这种户数时登入其他户类。

81 直接接收捐赠与间接接收捐赠有何区别?

答：直接接收捐赠指本行政区域内民政部门或其他部门接收国内外各种社会捐助的现金总计，包括救灾捐赠、救济捐赠、扶贫捐赠等。民政部门只统计接收的第一次捐赠，民政部门之间捐赠现金的往来不重复统计。间接接收捐赠指其他部门转入的社会捐赠款累计数，即指上级民政部门下拨或其他地区民政部门转入的捐赠款数。现在各地经常以慈善协会名义接收捐款的，不能统计在捐赠款项。

82 什么是本年累计安置义务兵指标？

答：本年累计安置义务兵指标指报表期内当地人民政府接收安置退伍义务兵的总人数，包括历年接收一直未安置，当年接收但没有安置不在统计范围内，只统计在本期实际安置就业的人数。

83 什么是零散烈士纪念建筑物数?

答：零散烈士纪念建筑物数指报告期末未设有烈士纪念建筑物管理单位的烈士纪念建筑物的总数，包括褒扬革命烈士的纪念碑、塔、馆、亭、祠和烈士陵园数。建筑物处数是按纪念建筑物整体单位统计，若一处烈士陵园整体建筑内有碑、塔、馆等，在统计烈士纪念建筑物时只算一处。

84 慈善协会接收捐款是否反映在捐赠中？

答：目前，月、季、年报中的捐赠款口径是指在民政部门接收的捐赠款，慈善协会接收的捐赠款在每年的社会组织捐款中可以反映出来，所以月、季、年报中的捐赠表不用反映。

85 被火化人员身份证明信息允许漏报率是多少?

答：被火化人员正常情况下应该都有身份证明信息，但对于无名尸、幼儿等特殊情况，可以没有身份证明信息。现在系统中允许有10%的空信息。

86 医疗救助常见问题主要有哪些?

答：如果一个人是民政部资助参加农村医疗合作对象，那么民政部资助类别就选择民政部资助参加农村医疗合作，然后这个人又因为大病等情况被救助，就会有救助次数的情况，那么就在救助次数上填写次数，这样就能体现这个人是民政部资助参加农村医疗合作对象，又因为大病等情况被救助，从而有了救助次数。当然，如果一个人多次被救助，这个人的基本信息只需录入一次，然后在救助次数上累加就行了，救助金额也相应累加。

如果一个人只是参合，没有大病救助等情况，民政部资助类别就选民政部资助参加农村医疗合作，救助次数不需要填。

如果一个人只是大病救助，并不参合，那么在民政部门资助类别里选择其他医疗救助，然后填入救助次数即可。

医疗救助台卡不是以户为单位，而是以个人为单位。

87 每千名老年人拥有床位数如何计算?

答：民政部、国家发展和改革委员会《民政事业发展第十二个五年规划》、国务院办公厅《社会养老服务体系建设规划（2011—2015年）》、安徽省政府办公厅《安徽省“十二五”民政事业发展规划》提出，到“十二五”末，安徽每千名老年人拥有床位数要达到40张。

养老床位数＝城市养老服务床位数＋农村养老服务床位数＋社会福利院床位数＋光荣院床位数＋荣誉军人康复医院床位数＋复员军人疗养院床位数＋军休所户数＋社区留宿和日间照料床位数

每千名老年人拥有养老床位数＝养老床位数÷老年人口数×1000

注：上式的养老床位数是民政部的计算方法，各地根据自身需要可以进行相关调整。例如，有些地方的养老床位数是这样计算的：养老床位数＝城市养老服务床位数＋农村养老服务床位数＋社会福利院床位数＋光荣院床位数＋荣誉军人康复医院床位数＋复员军人疗养院床位数。同时，老年人口是指60岁以上的人口数。

88 社区服务设施覆盖率如何计算?

答：以安徽省为例，社区服务设施覆盖率是根据民政部、国家发展和改革委员会《民政事业发展第十二个五年规划》、国务院办公厅《社区服务体系建设规划（2011—2015年）》、安徽省政府办公厅《安徽省“十二五”民政事业发展规划》提出的指标。

$$\text{社区服务机构覆盖率} = \frac{\text{社区服务机构数}}{\text{村委会数} + \text{居委会数}} \times 100\%$$

$$\text{城市社区服务中心（站）覆盖率} =$$

$$\frac{\text{城市社区服务指导中心} + \text{城市社区服务中心} + \text{城市社区服务站}}{\text{居委会数}} \times 100\%$$

89 涉外婚姻是否需要市级以下填报？

答：一般市级以下没有这项职能，所以一般不需要填报。

90 补发城乡低保金，应该是临时补助还是正常支出?

答：由于部分地方一般先制定提高低保标准的政策，然后再补发，导致后期月份低保金可能一次性支出较大。对于此种情况，补发的城乡低保金算作正常支出，不算临时补助支出；补发的金额一次性计入民政事业费中，不需要分摊。

91 临时救助分为支出型和应急型，应该如何理解？

答：临时救助可以按户籍、属地、类型分类，前两种较易理解，但按类型分类理解有点难度。根据制度书第157页解释，支出型支出是指因医疗、教育、物价上涨等因素造成家庭生活必需支出较大，难以负担的家庭给予救助的总户次数；应急型支出是指家庭成员遭遇车祸、溺水、矿难等人身意外伤害，在获得各种赔偿、保险、救助等资金后，个人负担仍然较重，导致家庭基本生活难以维持，或家庭因火灾等意外事件造成家庭财产重大损失，导致家庭基本生活难以维持的家庭给予救助的总户次数。

92 遗体火化率怎么计算?

答：遗体火化率是用被火化遗体的数量除以死亡人口数。

93 台账中部门交换码是什么？如何填写？

答：为配合做好全国经济普查工作，应建立统一的、全行业的基本单位部门交换码，充分利用经济普查成果，为民政行政事务管理工作服务，使民政部门提供给统计部门的基本单位信息，经过经济普查核实后，能够及时准确地反馈同民政部门，实现部门间的信息共享。

部门交换码的结构是18位，由17位本体码和一位校验码组成，其中本体码结构从左至右依次为：1位登记机关代码（字母码），2位机构类型代码，6位登记机关行政区划代码，3位分支机构、代表机构代码，5位校检码。

登记机关代码：为大写英文字母，在民政部门登记的为M，工商登记的为G，编办登记的为B。

机构类型代码：10企业法人（福利企业）；20事业法人。其中，民政事业单位类别代码为：21优抚安置单位；22救灾储备单位；23社区服务中心；24婚姻登记服务单位；25收养类单位；26救助类单位；27殡仪类单位；28彩票类单位；29其他民政事业单位；30机关法人；31老龄行政机关；32 乡镇、街道；40 社团法人（社会团体）；41 募捐类社团；50 民办非企业单位；60 基金会；70 涉外社会组织；80 基层自治组织；90 其他组织机构。

登记机关行政区划代码：是指登记机关的行政区划代码，中央级登记部门的行政区划代码为 6 个零。

分支机构、代表机构代码：民政管理单位统计代码第 10—12 位为分支机构、代表机构代码，其中第 10 位为类型码，不是分支机构和代表机构的是“0”，分支机构是“1”，代表机构是“2”；第 11 ~ 12 位为顺序码，有多少个分支机构或代表机构就填相应数字；没有分支机构和代表机构的为“000”，有 1 个分支结构的就是“101”，有 1 个代表机构的就是“201”，依次类推。

校验码：暂定统一填为英文大写字母“X”。例如，民政部门登记（M）的社团（40），不是分支机构和代表机构（000），且为第一顺序位（00001），其部门交换码为 M 40 000000 000 00001 X。

代码序号	1	2	3	4	5	6	7	8	9	10	11	12	13	14	15	16	17	18
代码	X	X	X	X	X	X	X	X	X	X	X	X	X	X	X	X	X	X
含义	登记机关代码	机构类型代码		登记机关行政区划代码						分支机构代表机构			顺序码					校验码

94 孤儿数与收养表关系如何？

答：在年报表中（Nbsg0601）录入表52中，第一部分为孤儿数，是截至年底孤儿实际保障人数；第二部分为收养情况，是本年度实际收养人数。

指标名称	代码	单位	数量	上年
甲	乙	丙	1	2
、 孤儿情况	NSG0510000			
孤儿数	NSG0511000	人	28,017	18,953
其中：集中供养孤儿	NSG0511110	人	3,790	3,143
社会散居孤儿	NSG0511120	人	24,227	15,810
其中：中央财政补助孤儿	NSG0511210	人	27,971	0
地方财政补助孤儿	NSG0511220	人	46	0
、收养情况	NSG0520000			
一）收养登记合计	NSG0521000	件	1,181	1,251
1. 中国公民收养登记	NSG0521100	件	1,005	1,196
其中： 香港居民	NSG0521110	件	1	1
澳门居民	NSG0521120	件	0	0
台湾居民	NSG0521130	件	0	0
华侨	NSG0521140	件	0	0
2. 外国人收养登记	NSG0521200	件	176	55
二）协议解除收养关系登记	NSG0522000	件	2	4
其中：中国公民	[illegible]	件	2	4

95 怎样查询具体的国家抚恤、补助各类优抚对象分类人数（便于标准二表备注里填写人数使用的）？

答：国家抚恤、补助各类优抚对象是由台账中6项台卡提取而来的，现举“三属”为例予以说明。

第一步，打开台账，点击编辑，选择单位，选择“三属”台卡。

第二步，选中任一单位格，然后按“编辑”，编辑下级浮动数据。

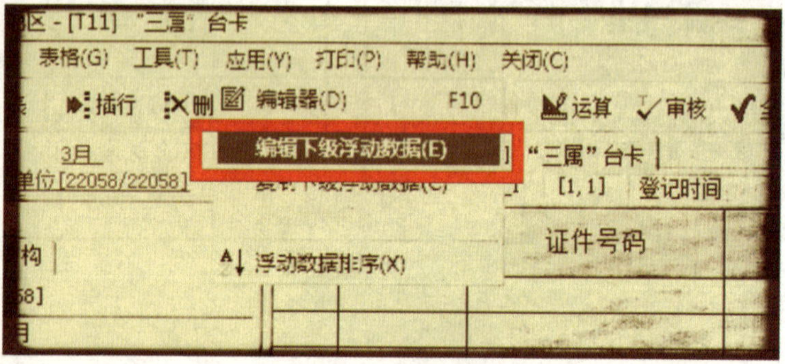

第三步，就可以显示本地所有“三属”台卡人员了。

96 年报中统计人员和财务人员分别审核统计表和财务表的方法是什么?

答：在报表主界面，点击“审核”（红色框）。

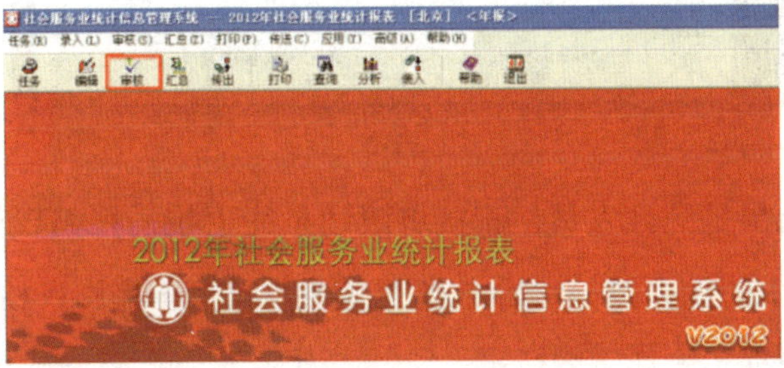

弹出的对话框如下：

将红色框内的“显示审核设置（Z）”左边的选择框勾选上，会弹出如下的对话框：

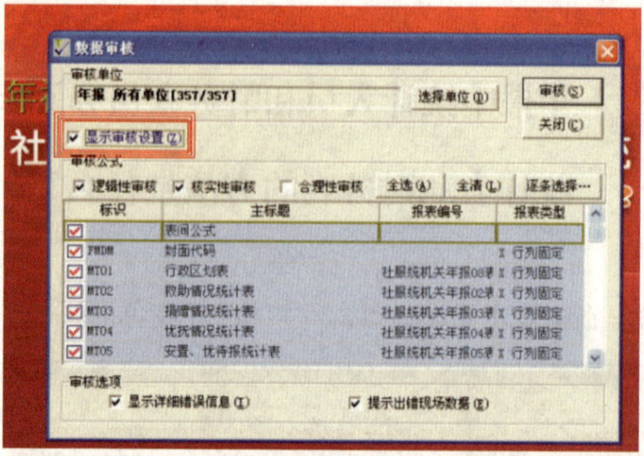

如果是统计人员，直接将滚动条往下拉，将 MT2301 ~ MT2601 的钩去掉，然后点击“审核”，这样就只审核统计表的数据了，如下图所示：

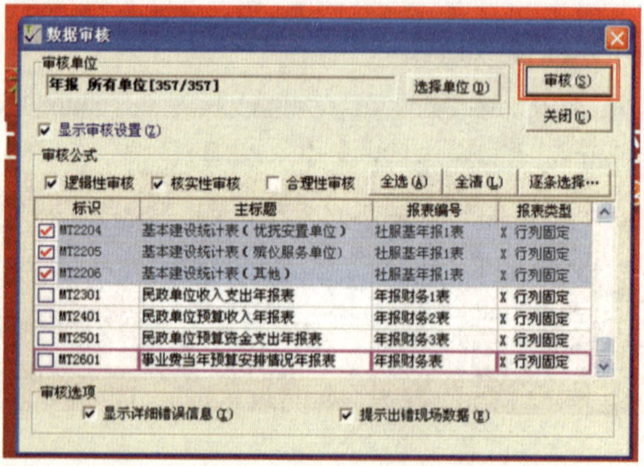

如果是财务人员，点击“全清”，然后选择 MT2301～MT2601 四张财务表，然后点击“审核”，这样审核的只是财务表，如下图所示：

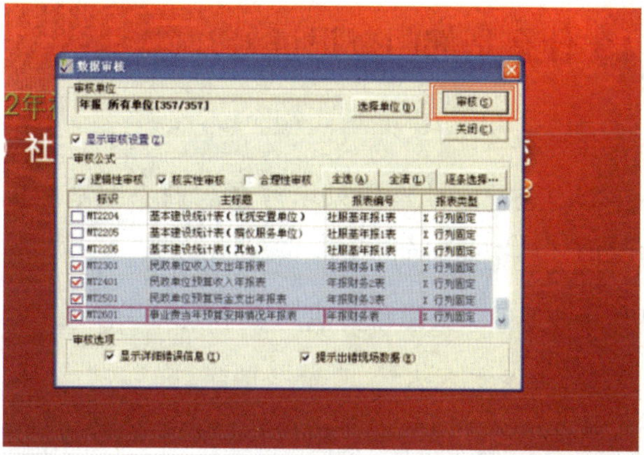

当然，如果个人有需要，可以自己选择要审核的表，勾选哪些表，审核的就是哪些表。

97 什么是部门登记证号？

答：部门登记证号是指只填写在工商、编制和民政部门办理审批、登记注册的号码。

（1）企业单位：填写营业执照正本上的“注册号＊＊＊＊＊＊＊＊＊＊＊＊＊＊＊”。

（2）事业单位：填写事业单位登记证上的登记号“事证第＊＊＊＊＊＊＊＊＊＊＊＊＊号”。

（3）行政机关：不用填写。

（4）社会组织：

社会团体：填写登记证上的登记号“社证字第＊＊＊＊号”。

基金会：填写登记证上的登记号“基证字第＊＊＊＊号”。

民办非企业单位：填写民办非企业登记证号“民证字第＊＊＊＊号”。

街道级的部门登记证号不需要填写。

98 台账如何更新?

答：2007 年安徽省政府实施民生工程，6 年来一大批民政公共服务项目和民政基础能力项目建成并投入使用，这些应该在台账中及时更新调整。今后单位类数据变化每季度调整一次，调整必须附有相关文件或说明，不能随意增减单位数、床位数、人数等指标。

99 年报数据审核是否与业务部门数据核对？是否需要业务部门签字认可？

答：均需要。

100 月季报审核重点有哪些？

答：一是区划调整方面。在做完报表提取台账数据后，首先要做填报单位比较。相关方法如下：

点击主界面的“审核”页签，选择“填报单位比较”。然后在弹出的界面点击“比较按钮”。这样就能审核出本月和上月单位代码或名称不一致的地方。

一定要注意有变动的一定要有依据，也就是我们经常提醒大家要的批文。最好每月都到区划部门问问当月区划变动的批文，及时修改。

二是支出水平。包括城市低保、农村低保、分散五保、集中五保。

对于支出水平的检查，选择分析表中支出水平分析表，直接分析。分析完看看支出水平，然后与标准做比较；如果是季报，则与当前季度标准比较；如果是月报，则与其对应的上季度标准做比较；如 4 月对应一季度（3 月），8

月对应二季度（6月）。比标准小一些的基本就算通过，但是不能比标准小太多。比标准小太多或比标准大的一律需要说明。如果比标准小一倍两倍，极有可能是财务支出填少了或标准填大了。